LA
BARONNE
TRÉPASSÉE

PAR

LE VICOMTE PONSON DU TERRAIL,

Auteur des Coulisses du Monde, l'Héritage d'un Centenaire, etc.

2

PARIS,

BAUDRY, LIBRAIRE-ÉDITEUR

De Paul de Kock, Alphonse Karr, Léon Gozlan, Mme la comtesse Dash, Dumas,
Emm. Gonzalès, Mme Camille Bodin, Théophile Gautier, Méry, etc., etc.

32, RUE COQUILLIÈRE, 32.

LA BARONNE TRÉPASSÉE.

EN VENTE CHEZ LE MÊME ÉDITEUR, RUE COQUILLIÈRE, 34.

ALEXANDRE DUMAS PÈRE.

LA TULIPE NOIRE, très-joli roman complet en............ 3 vol. in-8.

EMMANUEL GONZALÈS.

ESAÜ LE LÉPREUX, ouvrage historique très-intéressant... 3 vol. in-8.
LES DEUX FAVORITES, ouvrage complétant Esaü......... 3 vol. in-8.
LE VENGEUR DU MARI ET LES CHERCHEURS D'OR... 3 vol. in-8.

PAUL DE KOCK.

L'AMANT DE LA LUNE, son chef-d'œuvre, terminé en.... 10 vol. in-8.
L'AMOUR QUI PASSE ET L'AMOUR QUI VIENT........ 2 vol. in-8.
LA FAMILLE GOGO, ouvrage complet................. 4 vol. in-8.
L'AMOUREUX TRANSI, ouvrage terminé.............. 4 vol. in-8.
L'HOMME AUX TROIS CULOTES................... 4 vol. in-12.
TAQUINET LE BOSSU, ouvrage terminé.............. 2 vol. in-8.
SANS CRAVATE, ou le COMMISSIONNAIRE........... 4 vol. in-8.

LÉON GOZLAN.

LA COMTESSE DE BRENNES..................... 3 vol. in-8.

MADAME LA COMTESSE DASH.

LA MARQUISE SANGLANTE, ouvrage complet........... 3 vol. in-8.
LES AMOURS DE BUSSY-RABUTIN (terminé).......... 4 vol. in-8.
JEANNE MICHU, très-joli roman................... 6 vol. in-8.

THÉOPHILE GAUTIER.

JEAN ET JEANNETTE (terminé).................... 2 vol. in-8.

ALPHONSE KARR.

LA FAMILLE ALAIN (ouvrage complet)............... 3 vol. in-8.

MADAME CAMILLE BODIN.

ALICE DE LOSTANGE, ouvrage complet et inédit........ 2 vol. in-8.
FRANCINE DE PLAINVILLE (terminé) idem............ 3 vol. in-8.

ROGER DE BEAUVOIR.

L'HÔTEL PIMODAN, ouvrage complet................. 4 vol. in-8.
LE GARDE D'HONNEUR, ouvrage complet.............. 2 vol. in-8.

ALIZIA PAULI, par Paul Féval, ouvrage complet........ 4 vol. in-8.
LA DETTE DE JEU, par le bibliophile Jacob........... 2 vol. in-8.
LE CHATEAU DE MONTBRUN, par Elie Berthet......... 3 vol. in-8.

LA
BARONNE
TRÉPASSÉE

PAR

LE VICOMTE PONSON DU TERRAIL,

Auteur des Coulisses du Monde, l'Héritage d'une Centenaire, etc.

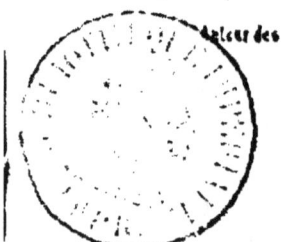

2

PARIS,

BAUDRY, LIBRAIRE-ÉDITEUR

De Paul de Kock, Alphonse Karr, Léon Gozlan, Mme la comtesse Dash, Dumas,
Emm. Gonzalès, Mme Camille Bodin, Théophile Gautier, Méry, etc., etc,

32, RUE COQUILLIÈRE, 32.

Paris, Imp. de Paul Dupont,
rue de Grenelle-St-Honoré, 45.

XVI.

La sensation que cette morsure fit éprouver au baron fut moins douloureuse qu'emplie d'une âcre volupté.

Pourtant il sentit son sang couler, et aux ondulations régulières de la poitrine et de la gorge du vampire, il comprit qu'il buvait à longs traits et avec une avidité sauvage.

Comme la nuit précédente, il se sentit frappé d'une paralysie étrange dans tous les membres.

Sa gorge aride n'eût pu jeter un cri, son bras faire le moindre mouvement. Pourtant son cœur battait à rompre l'enveloppe de chair et d'os qui l'emprisonnait. Son front brûlait et frissonnait au souffle glacé de l'haleine du vampire, qui, de temps à autre, s'arrêtait étouffé et murmurait :

— Ton sang est bon... très-bon.

Enfin, Gretchen ou le vampire, ou Hélène de Nossac, car le baron ne savait plus à qui il avait affaire, cet être étrange, disons-nous, s'arrêta repu et s'allongea sur le lit, à côté de sa victime, dans une pose remplie d'une voluptueuse langueur.

— Baron, dit-il, je t'ai trop pris de sang aujourd'hui, et j'en suis bien fâchée... mais j'avais si soif ! Et puis, vois-tu, je suis jalouse depuis ce matin, jalouse comme une tigresse, car tu aimes cette petite Roschen et tu veux l'épouser...

M. de Nossac fit un effort suprême pour parler.

— Non... murmura-t-il.

— Dis-tu vrai, mon bien-aimé ?

Et le vampire appuya ses lèvres glacées sur la bouche frémissante du baron.

Ce sentiment étrange, mêlé de terreur et de volupté, qui déjà s'était emparé du gentilhomme quand le vampire l'avait mordu, ce sentiment-là, disons-nous, le reprit, au contact de cette bouche de marbre, et il frissonna et ferma enfin les yeux...

— Mon cher baron, reprit le vampire, tu avais raison de me reconnaître ce matin : je suis bien réellement ta femme... ta femme que tu as tuée et qui t'aimait tant... ta femme qui a fait huit cents lieues à pied, enveloppée dans un suaire blanc, à travers les ronces, la nuit et le froid, pour venir se réchauffer une heure en buvant un peu de sang et te prenant un baiser.

M. de Nossac retrouva quelque force et essaya de repousser le vampire.

— Tu me hais donc bien ? fit-il avec une douceur mélancolique, tu me hais donc bien que tu me repousses ainsi quand je te parle d'amour et te donne une telle preuve de dévouement ?... C'est qu'il fait bien froid pour les morts, vois-tu, bien froid, lorsqu'ils quittent leur tombe pour venir sur la terre, et marcher. Nous sommes en été, cependant, mais j'ai grelotté durant toute la route, comme si j'eusse cheminé par une soirée neigeuse de décembre.

La terreur reprit le baron, et il fit un nouvel effort pour repousser le vampire.

Le vampire continua :

— Sais-tu pourquoi les morts ont toujours froid ? c'est qu'ils n'ont plus une goutte de sang dans les veines. Si j'avais eu la dixième partie de celui que je viens de te prendre, très-certainement je n'aurais point été obligée de tenir mon suaire à deux mains et de m'envelopper dedans avec un soin extrême, pour me garantir des âpres caresses du vent... Et vois-tu, à mesure que j'approchais du lieu où tu étais, je sentais le froid diminuer... Et hier, comme j'avais bu la nuit précédente, j'ai eu chaud... Vers le soir, cependant, la fraîcheur m'a reprise, j'ai eu par ci, par là, quelques frissons et j'ai trouvé que la nuit était bien lente à venir...

Elle est venue enfin... Maintenant j'ai bu, je t'ai baisé au front et sur la bouche, j'ai réchauffé mon cœur et mon corps... Oh! c'est que je t'aime, ami, — je t'aime comme jamais femme trépassée n'aima son mari vivant... J'aurais pu t'oublier, cependant, comme tu m'as oubliée, ingrat! j'aurais pu, dans le monde où est allée mon âme, épouser un ange ou un saint, beaux et jeunes tous deux de l'éternelle jeunesse... Je ne l'ai pas fait! J'ai préféré revenir animer mon corps qui dormait paisiblement dans son cercueil, à l'abri de l'air âpre des nuits et des rayons ardents du soleil; je l'ai fait se lever, ce pauvre corps, rejeter sa pierre tumulaire et marcher, — marcher sans relâche, du crépuscule à l'aube suivante, chaque nuit; — car le jour j'étais obligée d'entrer dans le premier cimetière qui se trouvait sur ma route et de m'y coucher dans une fosse vide, jusqu'à ce que la brume tombât. Je suis arrivée ainsi à Heidelberg. Là, il y avait une jeune fille, nommée Gretchen, qui me ressemble trait pour trait. Cette jeune fille était la maîtresse d'un étudiant appelé Hermann de Holdengrasburg, le fils de ton hôte, baron; Hermann avait depuis longtemps l'envie de la quitter, cette pauvre fille, et il attendait que l'occasion s'en présentât.

Son père, sur ces entrefaites, lui écrivit à lui et à ses frères de revenir en Bohême au plus vite. L'occasion se présentait. Hermann monta à cheval un matin et partit, laissant quelques mots d'adieu bien froids à l'adresse de Gretchen. Gretchen attendit Hermann toute la journée ; le soir elle reçut cette lettre, se trouva mal, eut une fièvre cérébrale et mourut dans les vingt-quatre heures.

J'étais arrivée dans le cimetière d'Heidelberg, le matin même du jour où on l'enterra, et, comme je n'avais pu trouver la fosse vacante, je m'étais blottie dans une touffe de cyprès dont le noir feuillage m'abritait des rayons du soleil.

Je vis passer près de moi la bière de Gretchen ; sa bière était découverte selon l'usage allemand, et je pus voir son visage. Je fus frappée de la ressemblance extraordinaire que Gretchen avait avec moi, — si frappée que j'eus l'idée de te rejoindre à l'aide d'un stratagème que me fournirait cette ressemblance.

Je passai le jour tout entier dans ma touffe de cyprès, et j'attendis la nuit avec impatience.

Quand la nuit fut venue, j'allai vers la tombe de Gretchen, et, m'armant de la pelle que le fossoyeur avait oubliée, je remuai la terre fraîche. J'eus bien de la peine, va ! car il y avait si longtemps que je n'avais plus de sang, si longtemps que je marchais sur la terre glacée...

Je parvins cependant à déterrer Gretchen, et, quand je l'eus fait, je la déshabillai complètement et je me revêtis de ses habits. Je lui enlevai tout, — tout jusqu'à la croix d'or qu'Hermann lui avait donnée et qui était encore à son cou, — et puis, comme, malgré ses vêtements, j'avais froid encore, je lui pris son suaire que je mis par-dessus le mien et continuai ma route.

Après huit nuits de marche, j'arrivai ici. Je savais,— car les morts savent tout, —je savais que tu y viendrais le lendemain, et je trouvai Hermann, ses frères et son père, assis au coin du feu et devisant.

— Quel dommage! que je n'aie point amené cette pauvre Gretchen,

—Pourquoi, quel dommage? demanda le comte de Holdengrasburg.

Parce que le marquis de Simiane, que j'ai soigné, prétendait qu'elle ressemblait fort à la baronne de Nossac, qui est morte il y a un an. Et puisque nous attendons le baron, elle aurait pu nous rendre un véritable service, en se chargeant du rôle de la trépassée dans la comédie que nous lui préparons.

J'étais demeurée sur le seuil, et ils ne m'avaient point entendue venir.

— Gretchen accepte le rôle, dis-je tout-à-coup.

Ils se retournèrent stupéfaits; Hermann balbutia et pâlit, et le comte, que je ne connaissais pas, me regarda avec étonnement.

— Mon cher Hermann, dis-je à l'amant de Gretchen, vous êtes un ingrat, et je devrais vous haïr... mais je vous pardonne.

Il se jeta à mes genoux et me prit la main.

— Dieu ! fit-il tout ému, comme tu as froid.

— Je suis venue à pied, répondis-je, et j'ai marché toute la nuit...

Et je m'approchai avidement du feu, car mes forces commençaient à être épuisées, et je me chauffai un grand quart-d'heure sans parler.

— Pauvre Gretchen ! murmurait Hermann avec fatuité, comme elle m'aime !

— Madame, me dit le comte de Holdengrasburg, n'êtes-vous point effrayée du rôle que l'on vous destine ?

— Pas le moins du monde, répondis-je. Le rôle me plaît fort et je le jouerai très-naturellement.

— Vous croyez ?

— J'en suis sûre.

Hermann se mit à rire.

— Bonne Gretchen! fit-il. Est-elle courageuse!

— Je crois vous l'avoir prouvé, répondis-je sèchement; car je suis venue d'Heidelberg à pied et mendiant. Or, comme je ne veux rien de vous, puisque vous m'avez quittée et laissée sans argent, je viendrai ici chaque soir, je resterai jusqu'à l'aube et m'en irai.

— Où donc? demanda le comte.

— Chez le curé du village qui est à une lieue d'ici.

— A pied?

— Non, vous me prêterez un cheval.

J'avais fait un mensonge en disant que j'irais chez le curé du village; mais il le fallait bien, pour avoir le droit et le prétexte d'aller me coucher dans un lit de trépassé chaque matin.

Hermann voulut insister : ses frères et son père se joignirent à lui.

—Préférez-vous, lui dis-je, que je m'en aille tout de suite, et que je ne joue point mon rôle de trépassée?

— Non, non ! dirent-ils.

—Laissons-la faire, dit Hermann, c'est un caprice de femme... qui lui passera.

Le jour commençait à venir; le comte et ses fils, qui s'étaient oubliés au coin du feu, se levèrent pour aller se coucher.

— A ce soir, dis-je à Hermann.

Il voulut me retenir; je fus inflexible.

On me donna un cheval, — et je t'assure qu'il ne me fut point inutile, car j'étais bien lasse! Je l'enfourchai et pris la route du village dans le cimetière duquel j'avais passé la nuit précédente.

Il y avait à l'entour du champ de repos une belle prairie ; j'y cueillis quelques wergissmein-nicht et quelques marguerites pour en respirer le parfum dans ma fosse, et j'attachai le cheval à une haie d'aubépine.

Le cheval se mit à brouter l'herbe, et je rentrai dans le cimetière.

La fosse vide que j'avais occupée la veille était prise depuis la brume; j'errai plus d'une heure sans en trouver une autre, et je fus obligée d'attendre, dans une touffe de cyprès, que le fossoyeur, qui en creusait une depuis l'aube, eût achevé et fût parti.

Le soir, je retrouvai le cheval, je remontai dessus et gagnai le château au galop.

Le comte et ses fils me reçurent à bras ouverts et m'indiquèrent mon rôle que je savais d'avance, tu sens bien, et ils me dirent qu'un znapan devait t'amener le lendemain de Marienwerder.

— Gretchen, me dit Hermann, viens chez moi, il faut que je te donne toutes les instructions nécessaires.

— J'ai froid, lui répondis-je, restons ici.

Quand il eut fini de me parler, l'heure du départ était venue pour lui et ses frères, et il lui fallut me quitter.

— Oh! murmura-t-il avec une colère dépitée, tu t'es moquée de moi, Gretchen, mais ce soir...

— Ce soir, répondis-je, ce sera de même... Je veux vous punir. Je dormirai côte à côte avec vous, et vous me respecterez... ou je vous tuerai.

Et je lui montrai le poignard que

Gretchen portait à sa ceinture et que j'avais volé à Gretchen.

— Tu es une étrange fille, me dit-il ; il en sera comme tu voudras...

Je n'ai pas besoin de te raconter ce qui se passa le soir, tu le sais aussi bien que moi. Après la comédie, je me retirai avec Hermann dans sa chambre, je lui soufflai sur le front et je l'endormis. C'est alors que je vins te trouver.

En te quittant, je retournai chez Hermann, et, quand il s'éveilla, il me vit près de lui. Une heure après, je laissai, comme la veille, mon cheval dans la prairie, et j'entrai dans le cimetière. Sur le seuil du champ funèbre, je rencontrai une jeune morte qui sortait enveloppée de son suaire.

— Où allez-vous ? lui demandai-je ; ne

savez-vous pas que le jour vient et que le soleil va paraître?

— Je le sais.

— N'êtes-vous point morte?

— Sans doute.

— Les morts ne peuvent cependant voyager que la nuit.

— Vous avez raison ; mais c'est aujourd'hui la Fête-Dieu, et, ce jour-là, les femmes qui sont mortes vierges peuvent errer jusqu'au soir par les prés fleuris et les haies vertes, pour cueillir et se tresser des couronnes de marguerites et d'aubépine blanche. J'étais vierge quand je suis morte, j'use de mon droit.

— Où est votre tombe? lui demandai-je.

— Là-bas, me répondit-elle en l'indiquant du doigt.

—Eh bien! lui répondis-je, je m'en vais me coucher dedans une heure, car j'ai voyagé toute la nuit, et, quand j'aurai dormi un peu, j'irai vous rejoindre... J'ai, moi aussi, envie de marguerites et d'aubépine, et, comme vous, je suis morte vierge. C'était vrai, n'est-ce pas?

Je dormis une heure, en effet; et puis, en me levant, j'eus la pensée de t'apparaître en plein jour, et au lieu de rejoindre la jeune morte, je remontai à cheval et j'arrivai, à la stupéfaction générale, sous le berceau où vous déjeuniez...

Maintenant, cher ange, acheva le vampire, j'ai chaud et je suis forte, je vais te quitter; je reviendrai la nuit prochaine, et même tu me reverras avant, car je serai de retour du cimetière après le coucher du soleil. Adieu.

Le vampire baisa de nouveau le baron sur la bouche et au front, puis il s'en alla avec sa lente raideur habituelle. Sur le seuil, il se retourna une dernière fois, lui envoya un baiser et un sourire et disparut.

Tout aussitôt, le baron se sentit pris d'une fièvre étrange, d'un sommeil de plomb qui l'étreignit et paralysa sa pensée pendant plusieurs heures ; — et, lorsqu'il se réveilla enfin, il entendit près de lui, de l'autre côté de la cloison à laquelle son lit était appuyé, deux voix qui s'entretenaient à bas bruit.

L'une était celle de Wilhem, — l'autre... celle de Roschen !

Le baron avait menti à son insu, quand il avait dit à la trépassée qu'il n'aimait pas Roschen, car il tressaillit vivement et la jalousie le mordit au cœur lorsqu'il eut reconnu sa voix mêlée à celle de Wilhem.

XVII.

La voix de Wilhem fit tressaillir profondément le baron.

Pourquoi?

Ce pourquoi serait tout aussi difficile à expliquer que les mille et une théories bâties à l'endroit du cœur humain par les philosophes qui n'en ont que peu et les savants qui n'en ont pas du tout.

Pourquoi? — C'est-à-dire, d'où venait que Willem qui, le matin précédent encore, lui était apparu comme le frère de Roschen et rien de plus, avait maintenant le don de l'émouvoir au seul bruit de sa voix, quand il songeait que Roschen écoutait cette voix.

Certes, le baron n'eût pu vous le dire, et, pas plus que lui, nous n'essayerons d'analyser cette bizarre sensation.

Mais, de même qu'on court parfois au-devant d'un malheur pressenti, M. de Nossac fut dominé soudain par une curiosité inflexible et, tout sûr d'avance qu'il était qu'il allait entendre de cruelles choses pour lui, il appuya son oreille à la cloison, et se mit à écouter avec une avidité presque sauvage.

— Je vous dis, Roschen, disait la voix de Wilhem, je vous dis que vous n'êtes plus la même pour moi depuis deux jours.

— Fou!

— Oh! je ne le suis point, soyez tranquille.

— Il faut bien que vous le soyez pour tenir un aussi ridicule langage.

— J'ai un cœur qui sent...

— Ah! fit Roschen avec une certaine ironie.

— Et des yeux qui voient.

— Vraiment!

Et la voix de Roschen devint railleuse.

—Oh! voyez-vous, Roschen, comme

je vous le dis, je vois et je sens. Depuis que cet étranger maudit a passé entre vous et moi, depuis que nous jouons cette comédie infernale, vous avez pris votre rôle au sérieux...

— Sans doute, fit Roschen avec un éclat de rire qui n'avait rien de bien ingénu.

— Vous l'aimez?

Roschen poussa un cri.

— Oh! tu ne le crois pas, n'est-ce pas? mon Wilhem, fit-elle avec l'accent de la prière...

— Je fais mieux, dit Wilhem d'une voix sourde, je le sais.

— Folie!

— Je l'ai deviné.

— Mensonge!

— Je le sens et je l'ai deviné, te dis-je;

je le sens aux pulsations désordonnées de mon cœur; je l'ai deviné hier à la manière lascive et indolente avec laquelle tu t'appuyais sur son bras... Je t'ai vue pâlir et trembler quand Gretchen lui est apparue... Roschen, tu me trompes ou tu vas me tromper...

— Wilhem !

— Si tu le fais, reprit Wilhem avec une colère croissante, malheur à toi, Roschen, malheur à toi !

— Mais, je te jure...

— Je t'ai ramassée dans la boue, Roschen, tu étais une grisette d'Heidelberg, la fille d'un tailleur... rien de plus.

— Grâce ! murmura Roschen tremblante.

— J'ai fait de toi la maîtresse d'un étudiant, et d'un étudiant gentilhomme, qui mieux est, je t'ai donné or et bijoux, parures, et...

— Vous êtes un lâche! s'écria Roschen l'interrompant, vos reproches sont une insulte pour moi et surtout pour vous-même. Oui, je suis devenue, de pauvre grisette que j'étais, la maîtresse d'un gentilhomme; mais la grisette était pure, elle était honnête fille, et, dans le quartier où mon père rapiéçait de vieux habits, elle était respectée comme telle. Aujourd'hui, vous avez changé ma misère en opulence, mais je suis déshonorée et je baisse la tête.

Wilhem poussa un cri de rage.

— Est-ce que, dit-il, le peuple peut avoir de l'honneur et en parler comme nous, gentilshommes?

— Le peuple, Wilhem, est plus noble

dans sa pauvreté et son rude labeur qu'un gentilhomme comme vous qui déshonore son écusson en essayant de le redorer avec de l'or mal acquis.

— Que veux-tu dire, malheureuse?

— Je veux dire, Wilhem, que sans trop savoir ni le prix qu'on vous a donné, ni le but qui a fait dicter votre conduite, le métier que vous faites depuis quelques jours est infâme.

Wilhem rugit de colère :

— Qui te dit, fit-il d'un voix étranglée, qui te dit qu'il n'y a pas un but politique...

— Ah ! oui, fit ironiquement Roschen, voilà l'excuse éternelle des gentilshommes d'Heidelberg, quand ils font une lâcheté...

— Lâcheté !

— Ils prétendent, continua Roschen avec calme, qu'ils ont un but politique. Et cette femme, cette Gretchen, qui vous stipendie, qui vous dirige, a-t-elle un but politique, elle aussi ?

— Roschen, interrompit Wilhem au comble de la fureur, si tu ajoutes un mot de plus, je te tue !

Roschen poussa un cri de terreur et demanda grâce.

Il est aisé de comprendre ce qu'avait souffert M. de Nossac pendant ce dialogue qui, pour ainsi dire, déchirait un coin de ce voile mystérieux qui semblait envelopper le château et ses étranges hôtes. Mais son indignation fut au comble quand Wilhem menaça Roschen de la tuer, et il sauta vivement à terre et mit la main sur son épée.

Tout aussitôt, soit hasard, soit que dans la pièce où causaient Roschen et Wilhem on eût entendu le bruit qu'il venait de faire en quittant son lit, il se fit un profond silence, puis une porte parut s'ouvrir, et une voix nouvelle résonna impérieuse et brève, et s'exprima en langue slavonne :

— Ça, Wilhem, disait cette voix que le baron reconnut pour celle de Samuel son frère jumeau, quand auras-tu fini de te quereller, ou bien même de feindre une querelle avec Roschen, qui est notre sœur et non ta maîtresse, entends-tu? Penses-tu que notre hôte ne t'ait point entendu?

— Oh! si fait! ricana Wilhem sur un ton bas et presque étouffé. Il sera jaloux le reste de la nuit, ce pauvre baron...

— Et c'est ma foi fort mal, murmura Roschen, également à voix basse, car il est noble et brave mon futur époux, et vous le traitez comme un vil pandour. Il faut avouer, reprit-elle en riant, que mon père a d'étranges caprices et des théories bien inflexibles sur la bravoure. Tout autre que le baron n'eût pu résister aux épreuves terribles qu'il lui a fait subir.

— Ce qui, il me semble, continua Samuel, n'implique nullement la nécessité de la bizarre dispute dont Wilhem, qui a bu toute la nuit, lui inflige l'audition... Car, tudieu! s'il dort avec le vacarme que vous faites ici, il faut qu'il ait passé trois cent soixante-cinq nuits consécutives dans un *commerce de renards*, pendant qu'on y fêtait le roi des étudiants.

Wilhem se prit à rire d'un rire aviné.

— Allons, ajouta Samuel, va te coucher, Wilhem ; et toi, Roschen, viens avec moi, je vais te conduire jusqu'à ta chambre...

— Mon petit Samuel, murmura Roschen, est-ce que toutes vos mystifications à l'égard de mon futur époux ne sont pas encore terminées ?

— Morbleu ! pensa Wilhem, j'espère bien que non ; je veux être sûr, bien sûr qu'il est brave !

— Tu es ivre, fit sentencieusement Samuel, et tu te mêles de choses qui ne te regardent point. Va te coucher, fils de Noé, et cuve ton vin, si tu peux !

. . . .

M. de Nossac était abasourdi de tout ce qu'il entendait.

Des deux versions si contradictoires qui

venaient de résonner à son oreille, laquelle était donc la vraie?

Était-ce celle de Wilhem appelant Roschen *une grisette d'Heidelberg* et la traitant avec le sans-gêne cavalier de l'étudiant pour sa maîtresse? Dans ce cas, il fallait s'avouer que ce sourire ingénu, que cette candeur virginale qui brillaient au front de la jeune fille composaient un ignoble mensonge, une antithèse hideuse, un paradoxe en action dégoûtant.

Ou bien Samuel traitant Wilhem d'ivrogne et l'accusant de vouloir exciter la jalousie du baron et mettre son amour à l'épreuve, était-il sincère?

Il y avait deux raisons pour que M. de Nossac ajoutât foi aux paroles de Samuel:

La première, c'est qu'il ne pouvait, lui, le roué et le blasé, il ne pouvait croire à la perversité de Roschen et voir en elle, en elle qui avait le geste digne, l'accent distingué, le regard candide d'une jeune fille de bonne noblesse, la grisette d'Heidelberg, l'étudiante qui écorche la langue qu'elle parle, et qui boit, en plein soleil, de la bière et de l'eau-de-vie dans le verre de son amant.

Cette première raison avait bien, sans doute, une foule d'arguments qu'on pouvait invoquer contre elle, comme, par exemple, que, chez certaines femmes, il y a un bon goût et une distinction innés, que ces femmes sortent du peuple ou brillent dans la haute classe...

Mais le baron, qui était intéressé sans doute, l'accepta et la jugea péremptoire.

La seconde était certainement la plus raisonnable.

Wilhem et Roschen s'étaient d'abord exprimés en français, preuve peut-être qu'ils voulaient être entendus. Samuel, au contraire, avait pris la parole en slavon, et tout aussitôt Wilhem et Roschen s'étaient exprimés dans la même langue.

Un long silence suivit l'altercation qui avait eu lieu entre Roschen et ses deux frères, et il devint évident pour le baron qu'elle était partie avec eux.

Il jugea prudent de se recoucher, car il avait besoin de réfléchir et de chercher la solution et le but de tous les mystères qui l'environnaient.

Il y avait bien parmi les choses extraordinaires qu'il avait vues et entendues, des choses qu'à la rigueur on pouvait expliquer, telles que l'histoire des Veneurs noirs, la chasse au flambeau, etc.

Tout cela ne prouvait qu'une chose: l'humeur facétieuse du châtelain d'Holdengrasburg.

Mais Gretchen? c'est-à-dire Hélène de Nossac trépassée, Hélène qui avait pris les vêtements de Gretchen, Hélène qui, disait-elle, était sortie de sa tombe et avait fait huit cents lieues à pied, la nuit, et couchant chaque matin dans un nouveau cimetière, ainsi qu'un voyageur s'arrête, chaque soir, à la porte d'une hôtellerie, comment expliquer cela?

Le baron oublia un moment Roschen, Wilhem et ses frères, pour songer à la trépassée.

Alors, de même qu'il avait oublié Gretchen, en entendant dans la pièce voisine résonner les voix de Roschen et de Wilhem, de même, les voix éteintes, il se reprit à songer à Gretchen et s'attacha à ses souvenirs de la nuit avec une désespérante ténacité.

Il analysa, avec un soin extrême, toutes ses sensations, se remémora chaque parole de la trépassée, chaque phrase de son incroyable histoire, et finit par en conclure que c'était bien réellement sa femme, sa femme qu'il avait tuée et à qui Dieu permettait de sortir de sa tombe pour tourmenter son époux vivant.

Il est une chose assez remarquable dans la vie humaine, c'est que les esprits forts sont les plus accessibles aux idées surnaturelles. Il n'est pas d'impie ou d'athée qui ne soit, à l'occasion, superstitieux comme une duègne. M. de Nossac avait éternellement nié Dieu, le diable et les saints; — mais, depuis deux jours, il était prêt à tout croire, et commençait à trouver fort naturel qu'un mort soulevât sa pierre tumulaire par une nuit d'été étincelante et tiède, se drapât coquettement dans les plis de son linceul et eût la fantaisie d'entreprendre un voyage de longue haleine de cimetière en cimetière, pour aller retrouver une maîtresse, un mari ou un ami.

M. de Nossac avait donc fini par se convaincre que rien n'était plus réel que le trépas de madame de Nossac et sa bizarre résurrection quotidienne; et, soit amour du merveilleux, soit bien plutôt par suite de cette inexplicable sensation voluptueuse qui s'était emparée de lui au contact glacé de Gretchen, il se reprit à songer, avec un âcre plaisir, aux caresses et à la froide haleine dont elle l'avait couvert et inondé une partie de la nuit.

Tout-à-coup, dans la pièce voisine où naguères il avait entendu Wilhem et sa sœur, s'éleva une voix stridente qui dit le premier couplet de la légende du veneur noir.

Puis, ce couplet fini, la même voix ajouta :

— Eh bien ! messire Satan, mon père, n'ai-je pas bien joué hier mon rôle de châtelain, et n'êtes-vous pas content de moi ? J'ai éteint assez bien le charbon de mes yeux et l'éclair de mon ongle ; et, Dieu me damne comme vous si je ne le suis déjà ! si ce petit baron de Nossac ne me croit pétri de chair et d'os comme lui...

En entendant ces étranges paroles, le baron pensa devenir fou, et il se précipita vers la croisée, à travers les fentes de laquelle filtrait un rayon du jour naissant.

Il l'ouvrit et se pencha vivement en dehors, comme pour si chasser les terreurs de son esprit, il eût voulu de l'air et de la lumière; mais soudain il poussa un cri d'épouvante et chancela...

La prairie, le parc, la forêt, le village, tout ce ravissant paysage sur lequel ouvrait sa fenêtre, tout ce qu'il avait vu, la veille, avait disparu comme si Satan lui-même l'eût emporté dans un pli de son aile décharnée...

Et, à la place, il ne vit plus qu'un site tourmenté, désert, sauvage, un torrent sinistre, une forêt sombre et muette à l'horizon, une plaine inculte et désolée entre la forêt et le torrent!

Satan avait passé par là!

XVIIᵉ.

Au cri poussé par le baron, une porte s'ouvrit, et le châtelain de Holdengrasburg entra, son sourire bonhomme et un peu railleur aux lèvres.

— Le veneur noir ! murmura le baron.

— Ah ! enfin, s'écria le châtelain jovialement, enfin, mon cher baron, vous avez eu peur !

Le baron pâlit de colère :

— Peur ! s'écria-t-il ; moi, peur ?

— Par les cornes de Satan, mon père, je le crois, mon gentilhomme.

— Qui que vous soyez, répliqua M. de Nossac, à qui ce mot de *peur* avait rendu tout son sang-froid, qui que vous soyez, mon hôte, je vous somme de me prouver que j'ai eu peur !

— Vous avez poussé un cri qui s'en charge, baron.

— Vous croyez?

— Pardieu !

— Eh bien ! dit M. de Nossac, si j'ai eu

peur de l'incertitude, chassez cette incertitude et montrez-vous enfin à moi sous votre jour véritable, vous verrez si j'ai peur encore! Si vous êtes le fils de Satan, dites-le, et alors je lutterai, moi homme, avec vous, être surnaturel! Si vous êtes un simple gentilhomme, qui se plait aux mystifications, dites-le également, car je trouve que les mystifications durent depuis trop longtemps et mon épée y mettra un terme!

Et, en prononçant ces paroles, M. de Nossac s'appuya fièrement sur son épée et regarda le veneur en face.

—Mon cher hôte, fit celui-ci avec un éclat de rire moins railleur que bienveillant, je suis dans mon tort cette fois et je vous en fais humblement mes excuses. J'aurais dû m'en tenir à mes plaisanteries d'hier et ne point les renouveler aujourd'hui. Si les excuses ne vous suffisent point, j'ai mon épée au service de la vôtre.

— Ah! dit froidement le baron, est-ce que vous n'avez point encore assez joué le rôle de châtelain bonhomme, messire Satan?

Un nouvel éclat de rire échappa au comte.

— Vous êtes fou! dit-il; je suis de chair et d'os comme vous.

— Ce n'est point ce que vous disiez tout-à-l'heure, cependant.

— Tiens! vous y avez donc cru?

— Il me semble, fit M. de Nossac avec hauteur, que la chose est assez croyable.

— Vous trouvez?

— Sans nul doute. Et pour preuve, je

vous demanderai ce que vous avez fait du paysage qui, hier, était sous mes fenêtres?

— Êtes-vous bien sûr qu'il était sous ces fenêtres-là?

— Très-sûr. Je reconnais le lit, les tentures, tout, jusqu'à ce fauteuil, où j'ai, en me couchant, déposé mon habit.

— Eh bien! dit le comte, puisque vous en êtes aussi sûr, venez avec moi, je vais vous convaincre du contraire.

— Et il entraîna le baron, qui le suivit sans mot dire.

Comme la veille, le comte de Holdengrasburg fit traverser à son hôte plusieurs salles contiguës et arriva enfin à une chambre à coucher, où il s'arrêta.

— Voyez! lui dit-il.

Le baron promena autour de lui un regard d'étonnement et reconnut une chambre absolument semblable à celle qu'il occupait la veille et non moins semblable comme meubles, espace et tentures à celle qu'il venait de quitter.

— Vous voyez, lui dit-il, que tout est ici dans le même ordre que là-bas; une seule chose y manque : votre habit. J'ai pris soin de le faire déménager en même temps qu'on vous transportait, endormi, d'un lit dans un autre. Vous avez le sommeil bien lourd, baron.

Et ce disant, le comte de Holdengrasburg ouvrit la croisée, et le baron reconnut son paysage riant et pittoresque de la veille, sa prairie en fleurs, son parc ombreux, son village coquet, sa forêt verte, et, comme la veille, il aperçut un homme et une femme se promenant sous les murs du château et foulant l'herbe drue, toute ruisselante encore de la rosée du matin.

Seulement ce n'étaient ni Roschen ni Wilhem, mais Gretchen et Hermann, son amant.

Comme la veille, le baron tressaillit et sentit un nuage passer sur ses yeux.

Il était jaloux de sa femme trépassée, comme si elle eût été vivante.

— Monsieur, dit-il au comte, oubliant soudain la situation hostile qu'il avait prise vis-à-vis de lui, êtes-vous bien sûr que cette femme-là est la maîtresse de votre fils Hermann ?

— Gretchen ? mais sans doute.

— Eh bien ! moi je vous dis que c'est ma propre femme, ma femme défunte qui revient pour me tourmenter et me sucer au col chaque nuit...

— Vous êtes fou.

— Non, je ne suis pas fou, j'ai toute ma raison, et je ne dormais pas cette nuit. Elle est venue vers moi, à pas lents, comme la nuit précédente; elle s'est couchée à côté de moi, elle m'a mordu comme la veille...

— Tenez, fit le comte de Holdengrasburg avec insouciance, la meilleure preuve que je puisse vous donner qu'elle ne vous a point mordu au col, c'est que la piqûre que vous vous étiez faite avec la pointe de votre épée est à moitié fermée ce matin, et qu'il n'y a, à côté, aucune autre cicatrice.

— C'est vrai, murmura le baron interdit, après s'être regardé dans une glace. Ce qui n'empêche pas, croyez-le, que tout ce que je vous dis soit scrupuleusement exact.

— J'en doute.

— Et si je vous répète mot pour mot la bizarre histoire qu'elle m'a contée?

— Voyons l'histoire?

M. de Nossac, toujours l'œil fixé sur Hermann et Gretchen, qui s'appuyaient l'un sur l'autre avec une langueur voluptueuse, M. de Nossac, disons-nous, raconta d'une voix brève, saccadée, semée d'interruptions à chaque mouvement inusité des deux amants, cette étrange odyssée de sa femme à travers les cimetières de France et d'Allemagne.

— Décidément, fit le comte avec douleur, je me repens amèrement, monsieur le baron, de mes sottes plaisanteries. Elles vous ont frappé l'esprit à ce point que vous rêvez tout éveillé.

M. de Nossac regarda le comte.

La figure de ce dernier exprimait une pitié profonde, une commisération si bien sentie qu'on ne pouvait la mettre en doute.

— Tenez, dit-il, il faut que je vous convainque.

— Voyons?

— Savez-vous où va Gretchen chaque jour?

— Chez le curé du village.

— En êtes-vous sûr?

— Très-sûr.

— Vous voyez bien que je n'ai pas rêvé, que j'ai bien réellement vu et entendu, car ni vos fils ni vous ne m'avez donné ces détails, et cependant je le savais. Vous lui donnez un cheval, n'est-ce pas?

— Oui, dit le comte étonné.

— Et elle est venue d'Heidelberg ici à pied et mendiant?

— Oui, comment le savez-vous?

— Et, continua le baron en s'animant, je sais bien d'autres choses encore; par exemple, vous étiez au coin du feu quand elle est arrivée. — Hermann s'est troublé et vous lui avez demandé : N'êtes-vous point effrayée du rôle que vous allez jouer ?

— Ma foi ! s'écria le châtelain de Holdengrasburg, vous êtes décidément sorcier, et je finirai par croire à vos vampires.

Pendant qu'ils causaient, le jour avait grandi, et l'aurore frangeait vaguement de pourpre et d'opale les sommets indécis et bleuâtres des montagnes voisines.

— Tenez, dit M. de Nossac se penchant

à la croisée et y entraînant le comte, voyez!

On venait d'amener un cheval à Gretchen, et Gretchen était montée dessus aidée du genou d'Hermann, après avoir donné un long baiser à son amant.

— Eh bien! demanda le comte, que voyez-vous donc là d'extraordinaire?

— Vous n'y voyez donc rien, vous?

— Ma foi! non, c'est Gretchen qui monte à cheval et qui s'en va. Que voulez-vous? cette femme est fière comme une vraie bohémienne qu'elle est. Hermann l'avait abandonnée, elle l'a suivi parce qu'elle l'aimait; mais elle ne veut pas manger de son pain.

— Et elle va chez le curé?

— Mais certainement.

— Eh bien! moi, je vous dis qu'elle va au cimetière.

— Quelle folie!

— Voulez-vous la suivre avec moi?

— Hélas! dit le comte, je le voudrais bien, mon cher baron, ne fût-ce que pour vous convaincre de votre folie,—mais vous oubliez que je ne le puis.

— Pourquoi cela?

— Parce que je suis, pour la contrée, le terrible Veneur-Noir, et que si un paysan me rencontrait aux portes du village, il ne manquerait pas de dire qu'il a vu le Veneur-Noir sans en mourir, ce qui ferait un grand tort à ma réputation.

— Eh bien! j'irai seul.

— Vous êtes libre, mais c'est folie.

Le baron acheva de se vêtir à la hâte, puis, sans vouloir écouter son hôte qui s'escrimait à lui prouver qu'il était fou, il s'élança hors de la chambre, descendit l'escalier, et, l'épée à la main, il sortit du château, et s'engagea en courant dans le sentier que venait de prendre Gretchen, au petit trot de son cheval.

C'était une belle matinée d'été, dans l'acception la plus complète du mot. Le ciel, d'un bleu parfait, semblait attendre l'arrivée du soleil avec l'impatience d'une jeune épouse; chaque buisson cachait un nid, de chaque nid s'élevait un concert. Une gaze blanche flottait indécise aux flancs des coteaux, la rosée couvrait les prairies, un dernier souffle du vent de nuit courbait en s'enfuyant la cime des sapins et leur arrachait une vague harmonie.

La trépassée cheminait entre deux haies

fleuries, au pas, et semblait aspirer avec délices les arômes champêtres dont l'air était imprégné.

Le baron marchait derrière elle, frissonnant malgré lui et n'osant l'atteindre, bien que cela lui eût été facile.

Tout-à-coup la trépassée, qui paraissait rêver avec mélancolie, leva les yeux et interrogea le ciel oriental.

Des flots de pourpre avaient succédé aux teintes irisées d'opale, et le soleil était proche.

Elle sembla le comprendre, et elle pressa l'allure de son cheval, qui prit le trot.

Pour ne la point perdre de vue, le baron fut contraint de courir.

En dix minutes, Gretchen à cheval et lui à pied eurent atteint le village.

En dehors du village, il y avait une enceinte de cent mètres carrés, clôturée d'une haie vive toute en fleurs, plantée çà et là d'un bouquet de cyprès et parsemée de croix noires ou blanches, la plupart sans inscriptions.

C'était le cimetière du village.

La porte en était entrebâillée, ou plutôt elle n'avait point été fermée durant la nuit. Le champ du repos était ouvert à tout le monde.

Gretchen s'arrêta à cette porte et descendit de cheval avec sa lente raideur, puis elle interrogea de nouveau le ciel qui se teignait de plus en plus des lueurs avant-courrières du soleil, et le baron, qui était derrière elle, l'entendit murmurer avec une joie d'enfant :

— Oh ! j'aurai le temps de cueillir des fleurs... j'aurai le temps !

Elle lâcha le cheval qui, tout accoutumé sans doute à pareille liberté, gagna au petit galop l'endroit de la prairie où l'herbe était la plus douce et la plus appétissante ; — puis, à son tour, elle s'approcha d'un petit ruisseau qui coulait en babillant sous le gazon, se mit péniblement à genoux et cueillit une poignée de wergiss-meinnicht et de liserons bleus ; — ensuite elle s'approcha de la haie et y prit un rameau d'aubépine.

Un jet de lumière glissa soudain sur la cime d'un roc voisin, et l'extrémité opposée de la vallée réfléta le premier rayon du soleil.

La trépassée poussa un cri, entra précipitamment dans le cimetière, s'enfuit jusqu'à un petit bouquet de sapins où elle disparut une minute, puis reparut aussitôt drapée des pieds à la tête dans un suaire blanc;—le sien sans doute, — qu'elle cachait soigneusement chaque soir avant d'aller au château.

M. de Nossac était demeuré sur le seuil du cimetière, immobile, la sueur au front.

Il la vit sortir ainsi vêtue, se diriger vers une fosse récemment creusée et s'y coucher tout de son long.

Il sentit ses genoux se dérober sous lui; mais soudain ce doute qui l'avait assailli tant de fois et qui le portait si souvent à croire qu'on le mystifiait, ce doute s'empara de lui une fois encore, et il s'écria :

— Cordieu ! je veux en avoir le cœur net.

Et il s'élança vers la fosse et s'arrêta tout-à-coup...

La morte était immobile, au fond de la tombe, enveloppée dans son linceul, tenant ses fleurs dans sa main crispée.

Aucun souffle ne soulevait sa poitrine, aucun mouvement n'indiquait plus que tout-à-l'heure encore elle marchait... la mort l'avait reprise... elle dormait jusqu'au soir.

Le baron se baissa pour prendre un coin du suaire et le soulever : — mais soudain la terreur s'empara de lui, et il alla s'appuyer, défaillant et pâle, à un cyprès voisin...

XIX.

Si M. de Nossac n'était pas toujours maître d'un premier mouvement d'effroi, au moins se familiarisait-il aisément avec cette terreur.

Il demeura, une seconde, appuyé au

tronc de cyprès et presque défaillant, mais il se remit presque aussitôt, et, faisant un violent effort, il retourna sur le bord de la fosse et se baissa de nouveau.

Cette fois, il eut le courage de prendre un pli du linceul, de le soulever à demi et de regarder assez attentivement le visage de la morte.

Ce visage était pâle, immobile, muet, comme un vrai visage de mort qu'il était; aucun muscle ne tressaillait, aucune fluctuation mystérieuse du sang ne paraissait avoir lieu dans les veines bleues et gonflées qui couraient en réseau capricieux sous sa peau transparente et fine.

M. de Nossac le contempla longtemps; — puis il s'enhardit, et, mettant les genoux en terre, il étendit le bras et toucha le visage avec sa main.

Il était froid comme la main que la trépassée avait mise dans la sienne deux jours auparavant, comme le baiser qu'elle lui avait donné la nuit dernière.

S'enhardissant de plus en plus, le baron prit alors son épée et de la pointe piqua légèrement le sein du cadavre : il en jaillit aussitôt un sang rose, frais, transparent, qui s'étendit en gouttelettes fines sur le linceul et jaspa de taches rouges sa blancheur éblouissante.

La morte ne bougea point et son sang continua à couler légèrement.

Alors M. de Nossac, bien convaincu qu'il ne pouvait être le jouet d'une comédie, que c'était bien réellement à une morte qu'il avait affaire, et que ce sang qu'il venait de répandre c'était le sien qu'elle lui avait pris la nuit précédente, M. de Nossac songea que la nuit prochaine le vampire serait d'autant plus exigeant qu'il aurait moins de sang dans les veines, et que lui, baron de Nossac, finirait par mourir de cette perte continuelle dont il n'avait ni la volonté ni la force de se préserver.

Ce raisonnement ainsi adopté par son esprit, il eut honte et regret de ce qu'il venait de faire, il se pencha une fois de plus sur le cadavre et mit son doigt sur la piqûre, tandis qu'il cherchait un moyen de la bander.

Ce moyen il le trouva avec son mouchoir qu'il noua fortement à un coin du suaire, et qui étreignit la morte comme une ceinture.

Quand il eut fini, il voulut se lever, mais il s'aperçut que le sang de la morte avait coulé sur ses mains ; il eut peur, et ses cheveux se hérissèrent.

Il prit un coin du linceul et s'essuya ; en tirant le coin à lui, il remua le cadavre et les lèvres serrées de la morte s'ouvrirent, et il sembla au baron qu'elle allait parler et lui dire :

— Tu es un impie !

Alors il se sentit pris de cette lourdeur vertigineuse, de cette paralysie étrange qui s'emparait de lui chaque nuit, à l'heure où le vampire avait coutume d'arriver, et il frissonna à la pensée qu'il allait être contraint peut-être de se coucher dans cette fosse et de s'endormir de ce sommeil de plomb qui le prenait au départ de sa nocturne visiteuse, côte à côte avec elle dans un cimetière.

La terreur du baron devint telle qu'il fit un suprême et héroïque effort, se redressa sur ses jambes raidies, presque glacées, et s'élança hors de la fosse.

Les deux premiers pas qu'il fit au dehors furent terribles; il semblait qu'une invincible force d'attraction le clouait à ce cadavre et à cette tombe encore ouverte; — mais enfin, ces deux pas faits, la paralysie diminua; il se traîna moins lentement, puis il marcha plus vite, enfin il put courir et se précipita dehors avec cette célérité de la peur que rien ne peut égaler.

Mais, sur le seuil du cimetière, il y avait une femme debout, pâle, tremblante d'émotion.

C'était Roschen.

Roschen, à qui sa pâleur et son émotion ajoutaient une grâce et un charme de plus; Roschen belle, éblouissante, les yeux emplis d'une vague et suave tristesse, la bouche plissée par un sourire amer, une main sur son cœur comme pour en étouffer les pulsations précipitées.

A sa vue, le baron poussa un cri.

— Vous ici, Roschen! murmura-t-il.

Elle fit un pas vers lui, le prit par la main et lui dit :

— C'est ma vie que je risque en vous suivant ici, mais n'importe... il faut que je vous parle.

— Oh! parlez! murmura M. de Nossac en la regardant, et sentant son admiration et cet amour nés spontanément, et plusieurs fois menacés par l'étrange et funeste ascendant de Gretchen, renaître et le dominer entièrement.

— Pas là ! fit-elle avec effroi.

— Pourquoi?

— Les morts sont trop près... venez...

Et elle l'entraîna.

Ainsi que nous l'avons déjà dit, la forêt était proche, et un chemin creux, bordé d'une haie vive à hauteur d'homme, y conduisait directement, sans qu'il fût trop possible d'être aperçu, dans ce trajet, ni du château, ni village.

Roschen s'y engagea d'un pas rapide, tenant toujours le baron par la main.

Le baron la suivait en frémissant d'une volupté vague, et il sentait instinctivement que cette jeune fille, c'était son bon ange, vivante ou morte, peu importait ! tandis que Gretchen, était le démon de sa vie.

C'était une vieille forêt comme on n'en retrouve plus guères que sur cette vieille terre de Germanie, où les castels du moyen-âge et les institutions de cette féodale époque existent encore à peu près partout. Chênes touffus, broussailles inextricables, routes de verdures se prolongeant, obscures, dans tous les sens et à d'incommensurables distances sous les futaies gigantesques, rochers monstrueux et tourmentés, jetés çà et là comme des remparts opposés à la charrue civilisatrice, bruyères épaisses et hautes qui recouvraient le sol comme un imperméable manteau... rien ne manquait à cette fille de la création, presque vierge, ou du moins encore dans toute la splendide beauté de la virginité.

Arrivés à la lisière, Roschen et le baron

s'engouffrèrent sous une épaisse voûte de feuillage et se dirigèrent vers le sud, à travers des broussailles et des touffes de genévriers qui eussent fort embarrassé ce dernier sans l'habile dextérité avec laquelle elle les écartait.

A mesure qu'ils avançaient, le jour blafard qui éclairait la forêt devenait de plus en plus sombre, et bientôt Roschen s'arrêta au milieu d'une sorte de clairière où des rochers avaient formé un banc naturel qui s'arrondissait en demi cercle.

— Asseyons-nous là, dit Roschen.

Le baron s'assit auprès d'elle.

Roschen tourna la tête alors à droite et à gauche, et inspecta les lieux environnants avec une minutieuse et prudente circonspection.

— Sommes-nous bien seuls? murmura-t-elle.

— Oui, répondit le baron, regardant à son tour.

— Oh! c'est que, dit Roschen tremblante... si on nous entendait.

— Eh bien ?

— Il me tuerait.

— Qui donc? rugit le baron.

— Loi... fit-elle avec effroi.

— Qui, lui?

— Wilhem !

Le baron frappa le sol de son pied avec une colère subite.

— Toujours ce Wilhem ! murmura-t-il, toujours lui !

La voix du baron avait revêtu un timbre si dur, que Roschen tressaillit, et que sa main trembla dans celle de M. de Nossac.

Elle ouvrit la bouche pour parler, mais l'émotion étreignit sa gorge; elle ne put qu'élever un regard suppliant vers le baron, un regard qui signifiait :

— Épargnez-moi... car je vous aime...

Mais, peu sensible à ce regard, le baron reprit avec la même irritation :

— Que vous est donc cet homme et quelle influence fatale a-t-il sur votre destinée, que vous frissonniez à son nom et trembliez à sa voix ?

Roschen ne répondit point et baissa les yeux.

— Dites, Roschen, continua M. de Nossac, dites-moi que les terribles paroles que j'ai entendues il y a quelques heures, ces paroles infernales qui m'ont fait douter de tout, de la bonté de Dieu, de la vertu des femmes, de la candeur de votre sourire, dites-moi...

Roschen poussa un cri étouffé, se laissa glisser aux pieds du baron et murmura :

— Pardonnez-moi... je suis bien coupable.

M. de Nossac sentit sa raison chanceler, le cœur lui manquer, son corps défaillir.

— C'était donc vrai, murmura-t-il?

— Oui, dit Roschen d'une voix éteinte.

— Ainsi... vous n'êtes point sa sœur?

— Non, fit Roschen d'un signe.

— Mais vous êtes...

Il s'arrêta; — elle lui avait jeté un éloquent et suppliant regard.

— Ainsi, reprit-il, ce mariage?

— Mensonge !

— Mais c'est infâme! s'écria le baron hors de lui.

— Oh! dit Roschen, je le sais bien que c'est infâme! Mais que voulez-vous?... J'étais une pauvre grisette d'Heidelberg, Wilhem m'avait séduite avec une promesse de mariage; Wilhem avait pris sur moi un empire terrible, Wilhem me dominait complétement... Il partit avec Hermann, Conrad et le vieux Bergbausen...

— Qu'est-ce que Bergbausen?

— Celui que vous appelez le Veneur noir.

— Ce n'est donc pas le père de Wilhem et de ses frères?

— Non. Wilhem n'a qu'un frère, Samuel.

— Et les deux autres?

— Ce sont deux étudiants, leurs amis.

— Mais ce... Berghausen?

— C'est un vieil étudiant de trentième année.

— Ce château n'est donc pas à lui?

— Non.

— A qui est-il donc?

— Je ne sais.

—Mystère! murmure le baron, étrange mystère!

— Oh! oui! répondit Roschen frissonnante, ils obéissent tous cinq à cette Gretchen, que Dieu confonde, à cette Gretchen, qui est morte ou vivante, je n'en sais rien... mais qui exerce une étrange influence sur tous... et sur vous-même... acheva Roschen d'une voix étouffée.

Le baron tressaillit.

— Sur moi? fit-il étonné.

— Oh! oui, reprit Roschen avec feu, sur vous... vous l'aimez...

— Non ! exclama-t-il avec force.

Roschen poussa un cri de joie :

— Dites vous vrai ? fit-elle en joignant les mains.

— Oui, murmura le baron, c'est vous que j'aimais...

Roschen baissa la tête.

— Et vous ne m'aimez plus, fit-elle avec une indicible émotion...

— Vous êtes à Wilhem ! répondit le baron d'un air sombre.

Roschen jeta un faible cri, un cri de détresse étouffé, ouvrit les bras, se roidit et tomba sur le gazon presque évanouie :

— Je vous aimais tant !.. fit-elle.

Ce cri, cet accent, allèrent droit à l'âme du baron et le touchèrent profondément.

— Si je vous aimais encore ? demanda-t-il.

—Dites-vous vrai? ne me trompez-vous point? s'écria-t-elle, n'est-ce point la pitié qui vous arrache ces paroles?

M. de Nossac prit dans ses mains la tête frissonnante et pâle de la jeune fille, y mit un ardent baiser et répéta :

— Roschen... je t'aime !

— Eh bien ! lui dit-elle, puisque vous m'aimez, suivez-moi !

— Que veux-tu dire ?

— Arrachez-moi à Wilhem, car Wilhem m'aime et me tuerait ! Emmenez-moi bien loin de lui, car je ne l'aime plus, car je l'ai en horreur depuis que je vous ai vu... depuis que je vous aime !

Et Roschen s'était mise à genoux et suppliait.

— Emmenez-moi, répéta-t-elle, et j'aurai pour vous tant d'amour que vous oublierez que j'ai été à un autre, que j'étais une pauvre fille, une grisette d'Université !

— Je l'oublierai, dit M. de Nossac.

— Et vous me pardonnerez, n'est-ce pas? fit-elle en lui prenant les mains.

— Oui, répondit-il, en lui donnant un second baiser.

— Vous me pardonnerez d'avoir trempé dans cette comédie infâme dont vous avez été le jouet?

— Oui... oui... mais fuyons ! s'écria M. de Nossac.

— Oh ! pas maintenant, dit Roschen, mais la nuit prochaine...

— Pourquoi ?

— Je préparerai tout pour notre fuite.

M. de Nossac se sentit frissonner à une pensée subite :

— Le vampire viendra, murmura-t-il.

— Eh bien ! dit Roschen dont l'œil s'alluma, s'il vient.....

— Eh bien ? interrogea le baron.

— Vous le percerez de votre épée..,

— Je ne pourrais pas... il me fascine...

— Ce soir, à souper, jetez sous la table le dernier verre de vin qu'on vous versera.

Ce conseil illumina l'esprit du baron :

— Je comprends tout maintenant, fit-il, et je me vengerai !

— Silence ! lui dit tout-à-coup Roschen, silence ! écoutez !

On entendait une voix dans l'éloignement qui appelait :

— Roschen ! Roschen ! où es-tu ?

C'était la voix de Willem !

XX.

Roschen se serra, tremblante et pâle, contre le baron.

— J'ai peur!.. murmura-t-elle.

— Ne craignez rien, je suis près de vous.

— Oh! c'est qu'il me tuerait!...

M. de Nossac eut un superbe sourire.

— Si je le voulais toutefois, dit-il, en portant la main à la garde de son épée.

— Roschen! Roschen! répétait la voix qui semblait avoir une nuance de colère.

— Tenez, dit Roschen, le plus sage est de nous séparer.

— Déjà? enfant...

Elle appuya ses petites mains sur les épaules du baron et lui sourit doucement :

— Ne serons-nous pas réunis demain?

— Oh! certainement, oui! murmura-t-il avec l'enthousiasme de l'amour.

— Nous fuirons bien loin, n'est-ce pas, mon bien-aimé?

— Oui, mon enfant.

— Nous rejoindrons l'armée française, nour irons dans ton pays... Je te suivrai partout, comme le chien son maître, comme l'ombre son corps...

— Roschen ! Roschen ! répéta la voix pour la troisième fois, Roschen, où es-tu ?

— Et cette fois, la voix était furieuse, jalouse, implacable.

Roschen pâlit.

— Adieu ! dit-elle, s'il vient jusqu'ici, cachez-vous ou feignez d'être évanoui...

Ils se donnèrent un long baiser et elle s'enfuit ; mais elle avait fait dix pas à peine qu'elle revint.

— N'oubliez pas... ce soir... ne buvez pas votre dernier verre de vin... et tuez-la ?

— Oui dit M. de Nossac, devenu rêveur.

— Quand l'heure du départ sera venue, je vous préviendrai... J'aurai des chevaux tout sellés, vous n'aurez qu'à vous habiller et nous partirons. Adieu.

Elle disparut.

Il n'était que temps, car à peine le bruit de ses pas s'était-il éteint dans la profondeur des taillis, qu'un bruit se fit dans une direction opposée, et Wilhem déboucha tout-à-coup dans la clairière où le baron était demeuré, et feignait, d'après l'avis de Roschen, d'être complétement privé de ses sens.

Wilhem demeura stupéfait à sa vue.

— Oh! oh! fit-il, je commence à croire que tout brave qu'il est, notre homme a grand peur depuis deux jours, et au lieu de suivre Gretchen au cimetière, il a été pris d'une panique telle qu'il est venu rouler ici sur le gazon comme un homme qui a réellement vu le Veneur noir.

Et il s'approcha du baron et le secoua assez fortement.

— Cordieu ! murmura Wilhem, nous voulons bien le tuer, mais à la longue; et il ne faut pas le laisser mourir aujourd'hui.

Et Wilhem courut à un petit ruisseau qui babillait sous l'herbe, à quelques pas de là, y puisa de l'eau dans le creux de ses deux mains réunies et revint la jeter au visage du baron.

Celui-ci pensa que Wilhem était assez convaincu de son évanouissement, pour qu'il ne fût point obligé de le prolonger indéfiniment, il ouvrit les yeux au contact de l'eau.

— Ah ça ! mon hôte, dit Wilhem joyeusement, qu'avez-vous donc ?

— Je dormais, répondit héroïquement M. de Nossac.

— De quel sommeil, s'il vous plaît ?

— Comment, de quel sommeil ?

— Sans doute. Était-ce fatigue ou terreur ?

— Terreur ? fit dédaigneusement M. de Nossac.

— Sans doute, car vous aviez le sommeil bien dur.

— Vous croyez ?

— Oh ! j'en suis sûr, je vous ai vigoureusement secoué.

— Alors, c'est que j'aurai mal dormi la nuit précédente.

— Tarare ! soyez franc, mon hôte.

— Je le suis.

— Vous avez éprouvé quelque nouvelle mystification de la part de mon très-honoré père, le seigneur de Holdengrasburg, et l'effroi vous dominant, vous vous êtes enfui jusqu'ici, où vous êtes tombé évanoui.

— Eh bien ! dit M. de Nossac feignant un grand abandon, cela est vrai, j'en conviens.

— Aussi, répondit Wilhem, il est une chose à laquelle je suis bien résolu, c'est à me brouiller avec mon père s'il continue ses plaisanteries ridicules.

— Et moi, s'écria M. de Nossac avec une feinte colère, je lui demanderai raison des autres !

— Ta, ta, ta ! dit mon cher hôte, calmez-vous, de grâce, et venez avec moi.

— Où allons-nous ?

— Au château, où le déjeuner nous attend...

— Tant mieux, dit le baron, j'ai faim !

— Et ensuite, nous monterons à cheval et nous courrons un cerf... Nous n'avons pas chassé depuis deux jours.

— Gretchen en sera-t-elle ? demanda M. de Nossac.

— Je ne sais pas. C'est possible.

— Moi, je vous soutiens le contraire.

— Et pourquoi, s'il vous plaît ?

— Parce que Gretchen est couchée dans sa bière, au cimetière... que je l'ai vue, moi... que je l'ai piquée de mon épée...

Wilhem tressaillit.

— Et que, poursuivit le baron, quoi qu'on en puisse dire, elle est réellement morte, et c'est un affreux vampire qui a pris à tâche de me sucer et de me dévorer chaque nuit goutte de sang à goutte de sang.

— Quelle folie!

— Soyez incrédule, que m'importe : je sais bien ce que j'ai vu... je sais la terreur qui m'a pris et m'a fait fuir jusqu'à cet endroit où vous m'avez trouvé évanoui.

— Vous avez été victime d'une hallucination.

— Je vous jure le contraire.

— Et moi je ne vous crois pas... mais venez déjeuner.

Et il lui prit familièrement le bras.

A ce contact, M. de Nossac eut un frémissement de colère, et il fut tenté de l'étouffer dans ses bras, de le broyer sur sa poitrine, d'enfoncer son épée jusqu'à la garde dans le sein de cet homme qu'avait aimé Roschen...

Heureusement, M. de Nossac commençait à voir qu'on se moquait de lui et que même on en voulait à sa vie, et il jugea prudent de se contenir.

Ils arrivèrent au château, et là Wilhem aperçut Roschen dans le parc.

Il courut à elle.

— D'où viens-tu donc?

— De la forêt, répondit Roschen.

Le front de Wilhem se plissa, une seconde, sous l'étreinte d'un soupçon; mais ce soupçon s'évanouit aussitôt que Roschen eut ajouté :

— Je suis allée chez Werner, le bûcheron.

— A table, baron, à table! cria la voix lointaine d'Hermann qui accourait.

— Et à cheval après ! ajouta Conrad.

— Eh bien ? fit mystérieusement le comte d'Holdengrasburg, en prenant M. de Nossac à l'écart.

— Je ne m'étais pas trompé, je l'ai vue au cimetière.

— Vous êtes fou !

— Non pas, je vous jure.

Et le baron répéta au comte ce qu'il avait conté déjà à Wilhem.

Le châtelain secoua la tête d'un air de doute ; cependant il ajouta tout bas :

— Il faut que j'en aie le cœur net.

— C'est facile, dit le baron. Je vais vous conduire.

— Non, pas aujourd'hui, mais demain... Nous la suivrons tous deux.

— Soit ! dit négligemment M. de Nossac.

— A propos, dit Hermann survenant, je voulais que cette espiègle de Gretchen vînt avec nous aujourd'hui...

— Eh bien ? demanda le comte, jetant un regard significatif à M. de Nossac.

— Elle a refusé.

— Pourquoi cela ?

— Parce qu'elle a prétendu qu'elle n'avait pas l'habitude de chasser tout un jour sans manger.

— Et le repas de halte ?

— Vous savez bien, mon père, que Gretchen est fière et ne veut pas manger de notre pain.

— C'est juste. Eh bien ! à cheval ; nous nous passerons d'elle.

XXI.

Le baron et ses hôtes montèrent à cheval, et l'hallali fut sonné.

— Roschen ne vient donc pas? demanda Samuel à Wilhem.

— Non, dit Wilhem d'un air de mauvaise humeur.

— Pourquoi donc?

— Parce que je le lui ai défendu.

Samuel haussa les épaules.

— Tu es un despote pour cette enfant, dit-il.

— Tu trouves?

— Je fais mieux, je m'en indigne.

Wilhem fronça le sourcil.

— Je suis jaloux, dit-il.

— Imbécile!

— Je crains qu'elle ne l'aime.

— Fou que tu es! Wilhem! Wilhem! ta sotte jalousie finira par nous trahir et tout sera perdu.

— Eh bien! que m'importe!

— Il m'importe beaucoup et à nous tous, niais! Si nous laissons la partie inachérée, nous sommes des gens ruinés... et nous avons si peu de crédit et tant besoin d'argent.

— Chut ! dit Wilhem en montrant le baron qui rapprochait, courbette par courbette, son cheval des leurs.

On partit.

La chasse fut magnifique, le cerf forcé en huit heures. Chevaux, chiens et piqueurs firent merveille, et M. de Nossac se laissa aller à ses instincts de veneur, se disant qu'il serait temps, au retour, de songer à Roschen et aux moyens de fuite.

Le retour s'effectua vers le soir, et les veneurs trouvèrent le souper servi et Roschen les attendant dans la salle à manger.

Roschen trouva l'occasion de s'approcher du baron.

— Tout sera prêt, dit-elle furtivement.

Le souper fut joyeux; on plaisanta le baron sans aigreur; on se moqua des vampires, mais pas un mot ne fut dit sur Gretchen, ni par le comte de Holdengrasburg, ni par M. de Nossac.

— Baron, dit le comte, comme le souper tirait à sa fin, nous allons vider, suivant notre coutume, un flacon de Malvoisie. Tendez votre verre.

La poudreuse et séculaire bouteille fut débouchée, et le baron tendit son verre.

Mais, au moment où chaque convive levait le coude, il jeta prestement le contenu de son verre sous la table.

Nul ne vit ce geste, excepté Roschen et

un nouveau personnage qui parut sur le seuil.

C'était Gretchen.

Gretchen fronça le sourcil, attacha un pénétrant regard sur Roschen, dont les yeux s'étaient furtivement baissés, et ses lèvres se plissèrent avec une expression de haine terrible.

— Tiens, voilà Gretchen, s'écria-t-on.

Gretchen entra et salua avec un charmant et frais sourire. Mais elle était pâle comme toujours, et sa démarche un peu raide trahissait les derniers vestiges de l'engourdissement dont elle sortait.

M. de Nossac tressaillit à sa vue et sentit son œil attiré vers elle et cloué sur ce visage pâle par une force invincible et mystérieuse.

Cependant il n'éprouva point, comme

la veille, cette lourdeur subite qui le prenait aussitôt après le souper; mais voulant à son tour se rendre maître de la situation par la ruse, il feignit d'en être atteint et demanda à se retirer.

Comme il passait près de Roschen, Roschen lui serra furtivement la main et lui dit :

— J'irai vous éveiller... et si le vampire vient...

Elle s'arrêta, jeta à la dérobée un regard haineux et jaloux à Gretchen, et acheva :

— Tuez-la !...

Le baron tressaillit et ne répondit pas.

Mais, quand il fut rentré chez lui et se fut mis au lit, il se prit à réfléchir, et convint avec lui-même qu'il était dupe d'une terrible mystification, car les révélations de Roschen l'avait éclairé; et alors il en arriva à conclure que Gretchen était une aventurière qui jouait le rôle de sa femme, soldée par quelque ennemi personnel qu'il devait avoir de par le monde, et, s'étant arrêté à cette pensée, il se dressa à demi sur son séant, assurant son épée dans sa main et se disant :

— Je ne suis plus d'humeur à être cauchemardé et mordu par un faux vampire.

Il attendit longtemps, personne ne vint.

Les heures s'écoulèrent, et le baron finit par s'endormir, serrant la garde de son épée sur sa poitrine. Mais tout-à-coup il fut éveillé en sursaut, la porte s'ouvrit et grinça sur ses gonds, quoique poussée avec précaution, et le baron vit se dessiner une forme blanchâtre au milieu des ténèbres.

A cette vue, et quoique à moitié endormi encore, le baron se dressa sur son séant et serra son épée avec force sur sa poitrine, comme s'il eût eu besoin de reconforter son courage.

Il s'était endormi en se disant que Gretchen n'était qu'une misérable fille, à la solde d'un ennemi à lui; mais, le sommeil aidant, ses terreurs à l'endroit des vampires lui étaient revenues, et, quand il vit cette forme blanche marcher vers son lit, il sentit ses cheveux se hérisser.

Seulement, comme il n'avait point bu son dernier verre de vin, il était parfaitement dispos de corps et affranchi de cette lourdeur paralytique qui s'était emparée de lui pendant les nuits précédentes.

A mesure que la forme blanche avançait, la raison du baron s'en allait grand train; Gretchen, de femme qu'elle était, redevenait vampire, et ce vampire il le haïssait et l'aimait en même temps.

Il se sentait à la fois attiré et repoussé, fasciné et irrité par lui.

Il éprouvait pour Gretchen, qu'elle fût femme ou vampire, un amour inexplicable et d'une violence extrême, un amour qui lui semblait hors nature, le révoltait, et le rendait ivre de fureur, et se convertissait en haine à la moindre réflexion qu'il faisait.

Il se livra donc un combat terrible chez lui, à l'apparition du fantôme, une lutte entre son cœur et son esprit, qui dura dix siècles en deux secondes.

Le cœur l'attirait, le poussait les bras ouverts et tendus vers Gretchen.

L'esprit, — l'esprit chancelant et grisé lui murmurait à l'oreille :

— Tue-la !

Et, pendant cette lutte, il serrait convulsivement son épée, et il sentait la sueur de l'angoisse et de l'effroi découler lente et froide sur ses joues.

Quant au fantôme, qui, les nuits précédentes, ouvrait la porte avec fracas et marchait vers le lit avec une assurance pleine de raideur, il avait singulièrement modifié ses allures. La porte s'était ouverte avec précaution, et il l'avait laissée entrebâillée ; il avançait sur la pointe du pied, s'arrêtant parfois, écoutant avec anxiété et paraissant incertain et timide dans sa marche, comme s'il eût été un étranger inaccoutumé aux ténèbres et aux dispositions locales de l'appartement, et redoutant de se heurter à quelque meuble bruyant, à quelque angle inaperçu.

Enfin la forme blanche arriva jusqu'au lit, étendit le bras en avant et entoura silencieusement le baron.

Le baron étendit le bras à son tour, et, tout frissonnant, mais guidé, dominé par une force fébrile et vertigineuse, il creva la poitrine du fantôme d'un faux coup d'épée.

L'esprit avait vaincu le cœur !

Le fantôme poussa un cri de douleur et s'affaissa tout pantelant sur lui-même.

Ce cri fit tressaillir le baron, qui, dégrisé, se précipita hors du lit :

Gretchen ! Gretchen ! hurla-t-il.

— Ce n'est point Gretchen... murmura le fantôme d'une voix éteinte.

Le baron jeta un cri ; ce cri, joint à celui qui s'était échappé de la poitrine crevée du fantôme, éveilla sans doute en sursaut les hôtes du manoir d'Holdengrasburg ; car, tandis que M. de Nossac se penchait haletant et hors de lui sur cette forme blanche qui râlait au pied de son lit, les portes s'ouvrirent, un peu de lumière pénétra soudain dans l'appartement, et, demi-vêtus, Samuel et Wilhem entrèrent pâles et frissonnants. A la lueur des bougies qu'ils portaient, le baron jeta un cri de désespoir et de folie furieuse.

Cette forme ce n'était point le vampire, ce n'était pas Gretchen la morte, la suceuse de sang...

C'était Roschen !

Roschen qui, à deux heures du matin, était venue pour éveiller celui qu'elle aimait, et lui dire :

— Venez... un cheval tout sellé nous attend au pont-levis.

Puis, après le baron, ce fut au tour de Wilhem et de Samuel à reconnaître Roschen et à pousser une terrible et douloureuse exclamation.

Roschen n'était point morte encore ; Roschen râlait, l'œil tourné vers le baron, avec une résignation sublime, un ineffable sourire de pardon, et semblant lui dire :

— Tout ceci est ma faute et je me suis tuée moi-même... Vous m'avez prise pour elle.

Alors, comme les instants étaient précieux, comme avant de fournir et de demander des explications, il fallait, avant tout, essayer d'arrêter sur les lèvres de cette malheureuse enfant la vie prête à s'en échapper, ces trois hommes se penchèrent simultanément sur Roschen mourante; l'un soutint sa tête pâle, l'autre étancha avec son mouchoir le sang qui coulait à flots de sa blessure béante, le troisième s'élança hors de l'appartement, appelant au secours.

Celui-là, c'était Samuel.

Wilhem et le baron, ces deux êtres qui se haïssaient instinctivement, avaient fait taire leur haine et se trouvaient en présence, penchés sur cette infortunée jeune fille et unissant leurs soins et leurs efforts pour refouler au loin la mort qui venait à grands pas.

Samuel, cependant, avait éveillé Conrad et Hermann, qui étaient étudiants en médecine et qui accouraient à la hâte.

Mais ils arrivèrent trop tard. — Roschen venait d'expirer, sa main dans celle du baron et lui murmurant : Je t'aime...

Wilhem et le baron s'étaient redressés lentement tous deux, pâles, muets, consternés.

Ils avaient attaché et rivé longtemps leurs regards au visage décoloré et contracté de Roschen. L'arrivée de Samuel et des deux étudiants interrompit seule cette douloureuse contemplation.

Alors ils reculèrent d'un pas chacun et se toisèrent une minute, silencieux, froids, menaçants.

Le baron qui pressentait l'agression dont il allait être l'objet, mit la main à la garde de son épée.

Wilhem en fit autant.

— Monsieur, dit-il, je ne sais comment et par quelle fatalité étrange vous venez d'assassiner l'être que j'aimais le plus au monde, je ne sais encore comment et pourquoi je trouve cette femme chez vous, au pied de votre lit, à deux heures du matin, et j'aurais de terribles explications à vous demander, — mais j'ai soif de votre sang et je perdrais un temps dont je suis avare.

En garde ! monsieur.

Et Wilhem, se redressant, rejetant sa tête adolescente en arrière, tira son épée et attendit...

L'attente fut courte, car M. de Nossac dégaîna aussitôt, sans mot dire, et se mit sur la défensive.

Le baron tirait comme un élève de feu

le régent, — Wilhem comme un étudiant allemand, — c'est-à-dire avec cette impétuosité, cette absence de calcul, cette promptitude de riposte et de parade qui déconcertent un adversaire inhabile, mais font sourire un homme de sangfroid et d'habileté.

Si M. de Nossac eût eu un duel ordinaire avec Wilhem, c'est-à-dire un combat qui est séparé de la provocation par une nuit de repos, s'il n'eût pas vu devant lui le cadavre de Roschen, si ses yeux, en se baissant, n'avaient pas rencontré cette flaque rougeâtre que le sang de sa victime avait, en jaillissant, formée sur le parquet, — Wilhem était un homme mort.

Mais le baron était troublé, désespéré, la sueur coulait de son front; il avait un nuage sur les yeux et une enveloppe de glace sur le cœur. Son sang-froid s'en alla, le désespoir guida son bras, et il entassa faute sur faute.

Deux fois son épée dirigée à fond sur la poitrine de Wilhem effleura à peine le bras du jeune homme ; deux fois il fut assailli par son adversaire, et son sang macula sa chemise et se mêla au sang de Roschen.

Conrad, Hermann et Samuel étaient les muets témoins de ce combat à mort.

Enfin Wilhem, profitant d'une faute, se fendit à fond ; son épée heurta la poitrine du baron et y disparut jusqu'à la garde.

Le baron jeta un cri étouffé, ouvrit les bras, chancela et tomba à la renverse sur le cadavre de Roschen, entraînant avec lui l'épée qui clouait sa poitrine.

Wilhem posa alors un pied sur son adversaire, et retira son épée sur laquelle les chairs s'étaient déjà refermées.

— Je suis vengé! dit-il.

Mais soudain la porte s'ouvrit et Gretchen pâle, hautaine, l'œil flamboyant, parut sur le seuil.

Elle demeura un moment comme foudroyée et folle à la vue du spectacle qu'elle avait sous les yeux, — puis elle se pencha sur le corps du baron avec une inquiétude qu'elle ne put dissimuler, posa sa main sur son cœur, examina la blessure avec l'attention minutieuse d'un chirurgien, s'assura que le baron vivait encore et banda la plaie. Puis se redressant tout-à-coup la lèvre crispée et l'œil en feu, elle considéra le meurtrier et ses trois compagnons avec un dédain suprême, une colère terrible et, leur indiquant la porte d'un geste impérieux :

— Je vous ai payés, leur dit-elle, sortez maintenant, et allez-vous-en aussi loin que la terre vous pourra porter !

Les trois premiers obéirent sans prononcer une parole; mais Wilhem tira une bourse pleine d'or de sa poche, la jeta aux pieds de Gretchen et lui dit :

— Vous avez tué ma maîtresse avec vos plaisanteries infernales et votre but souterrain que nul de nous n'a jamais pu pénétrer; votre or m'est inutile, puisque celle que j'aimais n'est plus : reprenez-le, je ne veux rien de vous !

Puis, il s'agenouilla sur le cadavre de Roschen, versa deux larmes brûlantes qui tombèrent sur la joue de la jeune fille, pâlie par le trépas et, se relevant, il fit un pas pour sortir.

Mais, comme s'il eût eu un regret et un remords de laisser le corps de la jeune fille aux mains de Gretchen, il retourna vers lui, le prit dans ses bras et l'emporta sur ses épaules, comme le plus précieux des trésors.

XXII.

Bien que terrible, la blessure de M. de Nossac n'était point mortelle.

Quand il revint de son évanouissement et malgré la fièvre délirante qui le brûlait, il put voir que le corps de Roschen avait disparu, que les étudiants n'étaient plus dans sa chambre et qu'il était recouché dans son lit. A son chevet, dans un grand fauteuil, il y avait une femme qui préparait un pansement.

Cette femme, c'était Gretchen.

Le baron la reconnut, et le délire le prit et le jeta soudain dans ce monde fantastique et terrible où l'imagination malade se réfugie, quand le corps est brisé et incapable d'action.

Combien dura ce délire, le baron ne le sut jamais.

Mais à travers les brumes de la fièvre et dans ses rares moments lucides, il aperçut sans cesse Gretchen à son chevet...

Gretchen inquiète, attentive, préparant tout elle-même, potions et remèdes, pansant sa blessure, lui mettant parfois un baiser au front, lui souriant parfois encore avec un bon sourire d'espoir, se faisant dresser chaque soir un lit de camp dans sa chambre, se levant vingt fois par nuit pour venir prendre dans ses mains sa main en sueur, pour interroger l'intensité de la fièvre, le degré de pulsation de son cœur, l'état de sa tête affolée et pleine de visions. Et pendant cette longue vie nuageuse et indécise de la maladie, pendant cette agonie douloureuse où la mort s'approcha si souvent et recula toujours, une pensée unique, dominante, tenace, absorba son esprit et le peu de raison qui lui revenait par intervalles.

Cette pensée, — c'était qu'il aimait Gretchen.

Enfin, la fièvre diminua, le délire disparut, le sommeil lui succéda, et un matin, en s'éveillant, le baron vit sa chambre déserte...

Gretchen avait disparu. Où était-elle ?

Si faible qu'il était, le baron eut la force de se lever et alla jusqu'à une table où il avait aperçu un carré de papier plié en quatre. Il l'ouvrit précipitamment et lut :

« Vous êtes hors de danger et je vous
» laisse. J'ai voulu m'amuser et profiter
» d'une étrange ressemblance ; pardonnez-
» moi le drame terrible qui s'est accompli
» par ma faute. Vous ne me reverrez ja-
» mais ; je puis donc vous faire un aveu :
» Je vous aime. Adieu.

» Gretchen Walkenaer. »

Le baron relut la lettre plusieurs fois, puis, emporté par son amour et un reste de délire, il s'élança hors de la chambre, parcourut le château à demi-nu et le trouva désert.

A la porte était un cheval tout sellé et dans les fontes de la selle il retrouva sa bourse.

Le baron eut la force de mettre le pied à l'étrier et de lancer son cheval, en disant :

— Il faut que je retrouve Gretchen, dussé-je aller au bout du monde.

Et il prit la route d'Heidelberg.

XXIII.

M. de Nossac arriva à Heidelberg, s'enquit partout de la demeure de Gretchen Walkenaer et finit par la trouver. Mais, au lieu de Gretchen, il ne rencontra qu'un vieux tailleur qui pleurait et qui, en réponse à sa question, lui répondit :

— Ma fille Gretchen est morte et enterrée depuis deux mois.

Il y avait juste deux mois que, s'il fallait en croire la narration du vampire, la trépassée Hélène Nossac avait volé les vêtements de Gretchen, trépassée comme elle, et pris la route du manoir d'Holdengrasburg.

Tout cela était si extraordinaire que M. de Nossac voulut se convaincre par lui-même de la véracité du tailleur.

Il obtint, non sans peine, l'exhumation de Gretchen, et il reconnut bien son vampire ; seulement le malheureux père s'écria :

— On lui a volé sa robe de toile, son suaire et sa croix d'or.

— Votre fille n'était-elle pas la maîtresse d'un étudiant nommé Hermann? demanda le baron hors de lui.

— Jamais, répondit le vieillard indigné.

— C'est étrange! murmura M. de Nossac, je commence à croire que suis fou!

Et il s'enfuit éperdu et comme s'il eût voulu justifier le soupçon qu'il venait d'émettre à l'endroit de sa raison.

FIN DE LA PREMIÈRE PARTIE.

DEUXIÈME PARTIE.

La Créole.

I.

— Mon cher baron, dit le marquis de Simiane, après avoir gravement écouté son ami le baron de Nossac, qui venait de lui conter son histoire, plus qu'étrange, as-tu consulté un médecin ?

— Non. Pourquoi?

— Parce que tu me parais atteint de folie.

— C'est ce que je commence à croire, marquis; et il est de certains moments où je ne sais, à vrai dire, si tout ce qui m'est arrivé n'est point un rêve.

— J'en suis, moi, très-persuadé.

Soudain M. de Nossac se frappa le front.

— N'as-tu pas été blessé, il y a quelques mois, aux environs d'Heidelberg? dit-il.

— Oui. Eh bien?

— Et n'as-tu point été soigné par un étudiant nommé Hermann de Holdengrasburg?

— Sans doute, un garçon très-spirituel et d'assez bonne maison.

— Eh bien! tu as vu sa maîtresse, cette Gretchen qui ressemblait si fort à ma femme.

— Pas le moins du monde. Hermann n'avait point de maîtresse.

— Je m'y perds, murmura le baron avec mélancolie.

— Il y a effectivement de quoi. Et tu n'as pu retrouver ce fantôme, ce vampire qui, après t'avoir sucé le sang, s'est converti en garde-malade pour te soigner?

— Non, fit tristement le baron : je l'ai cherché partout cependant; il y a trois mois que je fouille l'Allemagne et l'Europe entière en tous sens,—trois mois que je ne vis pas, que je rêve tout éveillé... trois mois que je souffre. Oh! s'interrompit le baron en portant la main à son cœur, je souffre bien... va !

— Niais ! fit le marquis, nous avons fait cependant assez de petits soupers ensemble, nous avons passé assez de folles nuits et couru assez de ruelles, pour que tu sois ou doives être à l'abri d'une petite passion vulgaire, d'un amour d'étudiant, d'abbé novice ou d'écolier.

M. de Nossac haussa les épaules :

— Mon cher, dit-il, l'amour ressemble à ces pommes d'Amérique si belles de coloris, si fraîches de duvet, avec lesquelles un enfant joue une journée entière en les faisant sauter dans ses mains. S'il a le malheur d'y mordre, elles le tuent. J'ai joué avec l'amour toute ma vie, je l'ai pris au sérieux une minute, et j'ai empoisonné ce qui m'en reste.

— Tarare! dit le marquis, il y a un remède à ce poison-là.

— Lequel?

— En aimer une autre.

— Je ne le pourrai...

— Essaie...

— Folie!

— En attendant, du reste, voici près de dix-huit mois que tu es veuf; les deux ans expirés, la fortune de ta femme retournera à ses héritiers.

— Je le sais bien. Que m'importe!

— Mon cher, fit le marquis avec une philosophie dédaigneuse, persuades-toi bien de ceci : c'est que, de tous les maux les plus incurables, le pire, c'est la misère. On n'en guérit que difficilement. Tu as eu du bonheur la première fois, et tu t'es arraché des griffes de tes créanciers avec une certaine adresse; crois-moi, ne tente plus le hasard, le hasard est comme les femmes, il tourne à tout vent.

— Que veux-tu donc que je fasse?

— Que tu te maries, pardieu!

—Et avec qui? et comment? murmura le baron avec un découragement profond dans la voix.

— Mon cher, reprit le marquis, il y a trois sortes de mariages pour des gentils-hommes comme nous: le premier est le mariage de convenance,—c'est-à-dire un assortiment assez respectable et fort ennuyeux de rangs, de naissances et de fortunes. Celui-là nous est interdit quand nous sommes un peu ruinés, comme tu l'étais, comme je le suis. Le second est la mésalliance intéressée. Pour redorer son écusson et donner du foin à ses chevaux, on épouse la fille d'un croquant qui vous apporte le Pérou dans un pan de sa chemise, dont le père vous appelle *Monseigneur mon gendre* et vous déteste cordialement, en songeant qu'il est obligé de payer bien cher l'honneur de vous avoir dans sa famille.

Le troisième est le mariage d'inclination ; celui-là est *ad libitum :* on prend sa femme dans une gentilhommière qui branle au vent, dans les coulisses de l'Opéra ou sur la route des Porcherons, peu importe ! nul n'y regarde et n'y trouve à redire.

Or, le premier t'était interdit pour une foule de raisons ;—tu as fait le second, et ce dernier te fournit les moyens de contracter le troisième. Tu es assez riche pour que ta femme ait le droit d'être pauvre.

— Sans doute ! murmura le baron d'un air qui signifiait : Que m'importe tout ce que tu me dis !

— Mais, reprit le marquis de Simiane, il faut te hâter, cher : dans six mois, si tu n'as pris femme, tu seras le plus pauvre gentilhomme de France et de Navarre.

— Que m'importe ! fit encore le baron en haussant les épaules.

— Pourtant, continua Simiane, si je te montrais, en un coin de Paris ou de la province, la plus jolie tête de jeune fille qui se pût imaginer. Dix-huit ans, blonde cendrée, des pieds de Chinoise, des yeux de vierge, et pauvre avec cela à devenir fou d'amour.

Le baron dressa la tête.

— Tu dis qu'elle est pauvre, fit-il?

— Oh! je t'en réponds; elle file la nuit pour nourrir son vieux père.

— C'est donc du menu peuple?

— De la noblesse, au contraire, et de la vieille roche, cordieu! Mais tu sais le proverbe : Grand nom, manteau troué! Le père a eu dix-sept balles dans le sein, et jamais il n'a eu assez de pistoles pour en boucher les trous.

— Voilà de la pauvreté qui sent bon et qui a son parfum de chevalerie, marquis.

— Attends donc, mon cher, ce n'est pas tout. L'année dernière, un traitant passa dans son carrosse doré, à la portée de leur gentilhommière. Quand je dis gentilhommière, j'ai tort, car c'est un bon et vieux castel des croisades, avec pont-levis rouillé, fossé bourbeux, tours moussues et beffroi branlant. Le vent y mène un train d'enfer sous les portes et dans les corridors ; les tapisseries tombent en lambeaux, les boiseries pourrissent et les écussons ont une vénérable couche de fumée qui va s'épaisissant gaillardement à travers les siècles.

Et au milieu de cette misère, baron, il y a un vieux châtelain qui vous a des airs de grand seigneur qui imposent aux plus hardis et une jeune châtelaine qui a des poses et une démarche de reine.

Puis trois serviteurs qui ne reçoivent plus de gages, qui travaillent même pour nourrir leurs maîtres, et ne se sont jamais départis de ce profond respect qu'avaient autrefois les vassaux pour leur seigneur. Ce sont les courtisans du malheur dans la plus complète acception du terme.

Puis, enfin, un jeune homme, un orphelin, neveu du châtelain, le plus joli garçon que la terre ait porté, un enfant de dix-huit à vingt ans, aussi frêle, aussi blond que sa cousine...

— Ah! fit le baron, fronçant le sourcil, elle l'aime, sans doute.

— Non, répondit le marquis, je ne crois pas du moins. Il postule une entrée aux gardes et ne songe guère à l'amour.

— Pas plus que toi, cher, au traitant dont tu allais me parler, et que tu as abandonné pour me faire une longue description du manoir et de ses hôtes.

— C'est juste ; revenons au traitant. Le croquant passa donc à la portée du castel, un soir d'automne ; il faisait froid, le soleil allait se coucher dans un linceul gris et maculé de taches sanglantes, le vent pleurait à travers les haies sans verdure et les bois dépouillés, la terre n'avait pas dégelé de tout le jour.

Le traitant était chaudement emmitouflé dans sa palatine russe, les glaces de la berline soigneusement fermées et les pieds dans une chancelière. Cependant il avait froid quand une bouffée de bise pénétrait jusqu'à lui, et il cherchait d'un œil désolé un gîte convenable pour son importance, quand il aperçut les tours grises du manoir.

Il ordonna au postillon de faire halte, et la berline s'arrêta à la herse du pont-levis.

Puis, comme le pont-levis était baissé

depuis environ un siècle, il le franchit et entra dans la cour.

Au bruit des roues et des chevaux, la porte du manoir s'ouvrit et un domestique accourut.

C'était le plus vieux des trois serviteurs.

Quand il eut appris de la bouche du postillon que l'étranger demandait l'hospitalité, le pauvre homme se prit à trembler; — son maître était si pauvre ! Et il était tenté de répondre que ses maîtres étaient absents, quand le châtelain parut et dit :

— Bien venus soient les étrangers !

Le traitant fut reçu cordialement, noblement même, malgré la pénurie du manoir; si maigre que fût la basse-cour, on fit main-basse sur elle ; les derniers flacons de vieux vin furent décoiffés sans pitié, le gobelet ciselé des aïeux fut tiré du bahut où on le conservait avec soin, et la jeune châtelaine céda son appartement, le seul du manoir qui fût présentable.

Le traitant s'aperçut de cette misère profonde, il s'aperçut aussi de l'éblouissante beauté de la jeune fille, et, comme depuis longtemps il cherchait à se *désencanailler* un peu par une alliance, il crut le moment arrivé et l'occasion excellente.

Comment croire, quand on a plusieurs millions volés à la gabelle, que l'on sera refusé par une petite fille pauvre comme Job, et qui file chaque soir jusqu'à minuit!

Le traitant passa deux jours au manoir.

Le troisième, il demanda effrontément à son père la main de la châtelaine.

Le vieux seigneur salua profondément, prit le traitant par le bras, le conduisit dans une galerie poudreuse où pendaient au mur des toiles enfumées.

C'étaient ses portraits de famille.

Le plus vieux datait de Philippe-Auguste, et représentait un chevalier bardé de fer estoquant et taillant à la bataille de Bouvines.

Le plus récent représentait un cardinal, l'oncle du châtelain.

— Voilà, dit-il, l'unique dot de ma fille; — mais, pour obtenir sa main, il est nécessaire d'en avoir une à peu près pareille.

Le traitant se mordit les lèvres, monta en carrosse et partit.

— Cordieu! s'écria M. de Nossac, je trouve le père si beau, que je commence à m'éprendre de la fille. Où se cache donc un pareil trésor ?

— A deux lieues environ de la tombe de ta femme, près de ton château du Léonais.

— Et tu nommes le châtelain ?

— Le comte de Kervégan.

— Et sa fille ?

— Yvonnette.

— Joli nom !

— Nous allons donc monter en voiture.

— Hein ? fit le baron en tressaillant.

— Et prendre la route du Léonais, continua imperturbablement le marquis.

— Mais je ne t'ai pas dit...

— Tu ne m'as rien dit, mais nous partirons.

— C'est impossible !

— Pourquoi ?

— Parce que j'aime Gretchen.

Le marquis haussa les épaules :

— Tu aimeras Yvonnette, dit-il.

— Je ne crois pas...

— Moi, j'en suis sûr. D'ailleurs...

Le marquis s'arrêta.

— D'ailleurs, tu auras le choix, car elle attend une cousine.

— D'où?

— D'Amérique... Une créole étincelante, dit-on, et qui a séduit, au Brésil, tous les officiers de la marine portugaise.

Le baron secoua la tête.

— Tout cela est bien séduisant, murmura-t-il.

— Eh bien! alors...

— Mais j'aime Gretchen...

— Ouf! fit le marquis, tu commences à devenir insupportable.

— Eh bien ! soit, je partirai... demain...

— Non, tout de suite.

— Pourquoi tout de suite ?

— Parce que d'ici à demain tu seras redevenu fou.

M. de Nossac hésita encore.

— Allons, dit-il, je le veux bien. Demande des chevaux.

— Tiens, fit le marquis en l'entraînant vers une croisée, regarde.

Il y avait dans la cour de l'hôtel de Simiane une chaise de poste toute attelée, avec postillon en selle et valets pendus aux courroies.

Toute objection était désormais impossible.

— Partons donc ! dit M. de Nossac.

Puis, comme il s'appuyait sur le bras du marquis, une réflexion lui vint :

— Et ce cousin ! fit-il ?

— Eh bien ! ce cousin...

— Es-tu bien sûr qu'elle ne l'aime pas ?

Le marquis se prit à rire.

— Tu vois bien, dit-il, que tu l'aimes déjà, toi, et sans l'avoir vue.

— Non, dit insoucieusement M. de Nossac ; mais je suis jaloux de toutes les femmes : c'est un principe chez moi.

— Pacha ! murmura le marquis.

Et la berline de voyage s'ébranla, aux coups de fouet des postillons.

Gretchen était vaincue !

II.

M. de Simiane eut bien quelque peine à chasser momentanément le souvenir de Gretchen de l'esprit frappé du baron.

Pendant toute la première journée du voyage, il fut mélancolique et rêveur, s'enfonçant dans son coin de la berline, regardant fuir les arbres de la route avec cette tristesse vague qui s'empare si souvent du voyageur qui passe et fuit avec un remords ou une plaie au cœur.

Le second jour, il se laissa aller à écouter, en face d'un confortable déjeuner d'hôtellerie, quelques gaudrioles que son ami lui débita d'un air fort sérieux.

Rien ne provoque le rire comme un homme qui plaisante et raille sans jamais rire lui-même. — M. de Nossac eut quelques accès de gaîté qui lui rappelèrent son bon temps.

Le soir, il ne compta plus les arbres de la route, et commença à trouver que Simiane était bien insupportable de ne lui point parler davantage de la châtelaine de Kervégan.

En effet, le marquis, en tacticien habile, ne lui en avait plus ouvert la bouche, comptant bien plus sur son silence que sur une velléité d'enthousiasme.

Cependant M. de Nossac n'eut pas le courage de le questionner, et il se contenta de s'enfoncer dans un coin pour rêver à cette femme inconnue encore et qu'il était tout disposé à aimer.

Rien n'est charmant comme cette rêverie qui a pour but une femme que l'on n'a jamais vue, une femme que l'on pressent, que l'on devine, et que, par cela même qu'elle est enveloppée du mystère de l'inconnu, on revêt du prisme de l'imagination.

Le baron eût vécu dix ans de cette rêverie sans s'apercevoir de la fuite du temps, s'il n'eût éprouvé cette lassitude qui finit par s'emparer du voyageur le plus intrépide, après un certain nombre de nuits passées à cheval ou en chaise de poste.

Il y avait deux mois que M. de Nossac courait l'Allemagne à franc étrier, dormant mal, mangeant peu, rêvant à Gretchen, et crevant çà et là des chevaux. Vers onze heures du soir, comme la berline de voyage entrait sur la terre bretonne, le sommeil s'empara de lui, et il s'endormit profondément, pour ne se réveiller qu'à huit heures du matin, au moment où la chaise atteignait cette petite élévation d'où, quatorze mois auparant, il avait aperçu, pour la première fois, les flèches du manoir de sa femme.

— Tiens, dit le marquis en étendant la main, voici ton castel.

— Je le reconnais.

— C'est là que nous descendrons d'abord.

— Ah! fit M. de Nossac avec un air de contrariété, pourquoi pas chez le cher comte de Kervégan?

Le marquis frisa la pointe de sa moustache d'un air railleur :

— Mon pauvre ami, dit-il, j'avais peur d'avoir bien de la peine à te rendre amoureux ; mais je vois que je me suis trompé, tu l'es déjà.

— Ah! par exemple!

— L'exemple est patent, ce me semble.

— Et en quoi?

— En ce que tu ne songes pas que descendre chez le comte de Kervégan qui est pauvre, quand toi, baron de Nossac, tu as une terre magnifique à sa porte, c'est s'exposer à une humiliation et à un embarras des plus pénibles.

— C'est juste, fit le baron rêveur, nous descendrons chez moi.

— Et demain nous monterons à cheval et irons faire une visite aux hôtes de Kervégan.

— Pourquoi demain?

— Parce qu'il nous faut, je suppose, le temps de respirer.

Le baron tira sa montre.

— Il est huit heures, dit-il, nous arriverons à neuf.

— Je le sais.

— Nous déjeûnerons à dix, et je ne vois pas ce qui pourrait nous empêcher de partir sur le midi.

— Une chose très-essentielle.

— Laquelle?

— Un terrible besoin de dormir que j'éprouve.

— Tu n'as donc pas dormi en voiture?

— Belle question! comme si un pareil sommeil, cahoté, interrompu, fébrile, vous reposait beaucoup... Décidément nous n'irons que demain.

— Mais, cependant...

— Cependant, mon cher ami, tu devrais bien songer un peu à mamzelle Gretchen, pour te tromper toi-même et t'aider à tirer le temps jusqu'à demain.

Le baron se mordit les lèvres et ne répondit pas.

— Et puis il me semble, continua le marquis avec flegme, que tu pourrais parfaitement faire un bout de visite à la tombe de ta femme et lui donner quelques heures de regrets...

M. de Nossac tressaillit et n'osa répondre ; mais la châtelaine de Kerrégan cessa, quelques minutes, de peupler les brumes de son imagination, et il se prit à songer à cette ravissante et fraîche jeune femme qu'il avait vue à peine, et que son étourderie avait tuée !

Puis, du souvenir de cette morte aimée, il passa à celui de Gretchen qui était sa vivante image, et Gretchen oubliée un moment, effacée quelques heures de sa mémoire et de son cœur, y revint en desposte et les occupa seule.

Pendant ce temps, la berline n'avait cessé de rouler, et elle se trouva bientôt à la grille de ce parc centenaire sous les ombrages duquel dormait du dernier sommeil madame la baronne de Nossac, née Borelli.

Les domestiques du castel étaient les mêmes que ceux que le baron y avait trouvés l'année précédente. Ils étaient graves, tristes, et portaient encore le deuil de leur maîtresse défunte.

Un sentiment de tristesse inexprimable s'empara du baron quand il franchit le seuil du manoir; il monta l'escalier le cœur serré, il alla droit à la chambre de la trépassée que, par son ordre, on avait laissée dans le même état, et il s'y accouda au lit encore foulé.

— L'aimerais-je donc encore? murmura-t-il.

Et tandis que Simiane se plongeait voluptueusement dans un bain de lait, il descendit, lui, dans le parc et se dirigea ver la tombe de la baronne.

Un peu de mousse avait poussé dans les interstices du marbre et frangeait d'une chenille verte l'inscription tumulaire. Au-dessus, les marronniers du parc secouaient leurs grands panaches; au travers du feuillage pendait çà et là un lambeau de l'azur céleste, et quelques roses de l'Inde, épanouies à l'entour, achevaient de donner un air de fête et de tranquillité souriante à cette tombe qui ne renfermait plus, sans doute, qu'un squelette rongé des vers.

De sombre qu'elle était, la tristesse du baron passa à une mélancolie vague, et ces parfums de l'été, ce ciel bleu, ces arbres verts qui chantaient les refrains du vent enlevèrent à cette tombe ce qu'elle pouvait avoir de funèbre et de désespéré.

Alors, il se dit philosophiquement en s'asseyant dessus :

— Gretchen lui ressemblait d'une manière si parfaite, qu'aimer Gretchen, c'est l'aimer encore. Je veux, je retrouverai Gretchen.

Puis, comme il se laissait aller de plus en plus à cette sérénité qui l'entourait, comme il ouvrait son âme et ses sens à ces vagues émanations de la terre et du ciel répandues autour de lui, une autre pensée lui vint.

— Si, comme je me le suis dit déjà, ma femme n'était point morte, se dit-il, et si cette tombe était vide; si elle et Gretchen ne faisaient qu'une seule et même femme; si...

Le baron s'arrêta :

—Mon Dieu ! continua-t-il, j'ai vu tant de choses extraordinaires que je ne saurais vraiment plus dire si la vie ne peut pas, avec certaines combinaisons scientifiques, revêtir l'apparence de la mort de la façon la plus frappante. Qui me dit qu'elle était morte ?

Et, comme il se complaisait dans cette pensée, une idée subite s'empara de lui :

— Je veux le savoir ! dit-il.

Le jardinier passait dans le fond du parc, la bêche sur l'épaule.

M. de Nossac l'appela.

— Ouvre-moi cette tombe, lui dit-il.

Le jardinier le regarda étonné.

— Ouvre, reprit impérieusement le baron.

— Il me faut une pince et un levier, dit le jardinier, je vais les chercher.

— Va, dit le baron.

Et il s'assit sur la tombe.

Deux minutes après, le jardinier revint armé de ses outils et se mit à l'œuvre.

L'opération était difficile, le marbre était scellé par des clés de fer soudées avec du soufre.

Comme la besogne n'allait point assez vite au gré impatient de M. de Nossac, il prit l'un des outils et aida le jardinier.

Au bout d'une demi-heure, la caisse de plomb fut mise à nu, puis, un quart-d'heure après, ce fut le cercueil de chêne; enfin la bière d'érable qui renfermait le corps apparut scellée à son tour.

Mais là, le baron hésita, chancela et pâlit.

— Faut-il ouvrir? demanda le jardinier.

Si M. de Nossac eût été seul, peut-être se fût-il enfui sans oser satisfaire son âpre curiosité; mais, en présence de ce témoin, il domina toute émotion et vainquit tout scrupule.

— Ouvre, dit-il.

Le jardinier s'arma du levier et fit sauter le couvercle. Alors apparut un hideux et navrant spectacle.

Dans la bière était un cadavre à demi-rongé, le visage méconnaissable et n'ayant conservé d'à peu près intact qu'une admirable chevelure d'ébène qui se déroulait en boucles capricieuses sur le cou, les bras et la poitrine semés de vers de ce corps inerte qui, selon toute apparence, avait été l'éblouissante baronne de Nossac.

A cette vue, le baron devint livide et il se rejeta en arrière avec un cri d'horreur.

Le marquis de Simiane, qui était accouru pendant l'opération de l'ouverture du cercueil, le reçut dans ses bras.

— Tu es un fou! lui dit-il, et de pareilles émotions tuent.

Il l'entraîna au château, et le conduisit à la salle à manger, où le déjeuner était servi.

— Déjeunons, dit-il ; nous irons à Kerrégan aujourd'hui.

Mais le baron demeura insensible à cette nouvelle, qui, deux heures avant, lui eût fait bondir le cœur.

Il but et mangea silencieusement, et ne retrouva la parole qu'à la fin du repas, et ce ne fut que grâce à quelques flacons poudreux que son majordome avait tirés des celliers par ordre du marquis, qu'il desserra les dents et balbutia quelques mots.

— En route ! dit Simiane en se levant de table et lui prenant le bras, dans une heure tu auras vu la merveille de la contrée, la fée de Kervégan.

Le baron se laissa conduire, monta à cheval d'un air sombre et laissa Simiane prendre le pas sur lui et lui montrer le chemin.

Il ne se souvenait plus guère du lieu où ils allaient, il avait oublié la châtelaine de Kervégan et il murmurait à part lui, de temps à autre :

— Il faut que je retrouve Gretchen... dussé-je aller au bout du monde !

Cependant, ils s'étaient engagés tous deux au travers d'un ravissant paysage; ils cheminaient au pas sur d'ombreuses coulées de chênes et de mélèzes verts; ils traversaient parfois une de ces landes couvertes de hautes bruyères, de lavandes grises et de genêts d'or, et bruyères, genêts et lavandes leur envoyaient de pénétrants parfums qui eussent éveillé l'âme et les sens d'un homme moins blasé que le marquis, moins préoccupé que le baron.

Le baron ne songeait qu'à deux choses : au cadavre fétide qu'il avait vu naguère, — à Gretchen, qu'il se promettait de retrouver tôt ou tard.

Tout-à-coup, et comme déjà on apercevait les flèches de Kervégan au-dessus d'un petit bois de mélèzes et de frênes, une voix claire, harmonieuse, pleine de jeunesse et de mélancolie, s'éleva du sein de la lande, chantant ce populaire refrain de la Bretagne :

> Vous n'irez plus au bal, madame la mariée,
> Vous garderez la maison,
> Pendant que nous irons, etc.

A cette voix si fraîche, si jeune, empreinte d'une mélodie sauvage, le baron tressaillit et regarda le marquis.

— Parbleu, dit celui-ci, nous n'aurons pas besoin d'aller jusqu'au manoir pour voir la châtelaine, la voici.

En effet, du milieu des bruyères, apparut presque aussitôt une blonde tête de jeune fille, avec un divin sourire d'ange, et ces fraîches couleurs que Dieu laisse tomber de sa palette sublime sur le visage de ces femmes qui vivent au milieu des bois, et ne s'étiolent point à l'air corrompu et fatal des grandes villes.

Le baron arrêta court son cheval et demeura stupéfait, ébloui de tant de beauté.

Mais presque aussitôt, de la même bruyère, une autre tête non moins belle, non moins souriante, quoique plus mâle, se montra tout-à-coup, et, à sa vue, le baron poussa un cri.

— Wilhem ! murmura-t-il, Wilhem ou Samuel ! l'un ou l'autre.

III.

L'étonnement de la jeune fille, du marquis et de celui que le baron prenait pour Samuel ou Wilhem, ces deux frères jumeaux qui avaient joué un rôle au manoir de Holdengrasburg, fut au moins aussi grand que la stupéfaction du baron lui-même à la vue de ce jeune homme qui venait de se montrer à côté de la châtelaine de Kervégan.

Cet étonnement fut suivi d'un moment de silence, que le marquis de Simiane rompit enfin le premier.

— Mademoiselle, dit-il, je vous présente monsieur le baron de Nossac qui, sans doute, a rencontré quelque part votre cousin...

— C'est Samuel! dit le baron vivement. Wilhem avait les yeux d'une nuance plus foncée.

— Samuel? fit le jeune homme en regardant le baron, je ne m'appelle pas Samuel, monsieur.

— Mon cousin se nomme Hector, dit la châtelaine avec un sourire.

— C'est Samuel ! persista le baron.

— Quel Samuel ? demanda Simiane impatienté.

— Le frère de Wilhem !

— Je n'ai pas de frère, monsieur, répondit le jeune homme d'une voix douce.

— Oh ! je ne me trompe pas ! s'écria le baron avec une ténacité de regard et d'accent qui attestaient sa conviction profonde.

— Je me nomme Hector de Kerdrel, je suis fils unique, orphelin, et le neveu du comte de Kervégan, chez lequel j'ai passé toute mon enfance.

— Et vous ne l'avez jamais quitté ?

— Jamais.

— Vous n'étiez point à Holdengrasburg ?

— Qu'est-ce que Holdengrasburg ?

— Le château du Veneur noir.

— Alors qu'est-ce que le Veneur noir?

— C'est un étudiant allemand du nom de Berghausen, et qui prétendait être le fils du diable.

Le jeune homme fit un mouvement d'épaules qui signifiait :

— Décidément, je n'y comprends plus rien.

— Ni moi, fit la châtelaine, en remplaçant par un sourire le haussement d'épaules du jeune Hector.

— Ni moi, murmura le marquis.

M. de Nossac était redevenu silencieux et regardait alternativement l'éblouissante jeune fille, le marquis, qui semblait pétrifié, et cet Hector de Kerdrel qui ressemblait si fort à Samuel.

Il y avait sur les lèvres du jeune homme et sur la bouche rosée de la jeune fille un sourire si ingénu, si naïvement étonné, il y avait dans leurs réponses une candeur telle, qu'il était difficile de soupçonner une nouvelle mystification.

Et puis, comment croire que Samuel avait fait près de mille lieues et quitté la Bohême montagneuse pour une vallée de la Bretagne, dans le seul but de continuer au baron ces mauvaises plaisanteries du château de Holdengrasburg, qui avaient eu une aussi fatale issue, un dénoûment si terrible?

Cependant, la ressemblance était, à ses yeux, frappante, étrange, aussi parfaite que celle de Gretchen avec sa femme dont il venait de voir, il y avait deux heures, le cadavre à demi rongé des vers.

— Mon cher, dit Simiane avec un accent de compassion profonde, je commence à croire que tu es réellement fou par un côté du cerveau et que tu trouves partout des ressemblances.

Cette réflexion fit tressaillir M. de Nossac, et, prêt à y croire, il regarda de nouveau Hector de Kerdrel.

Hector lui rappelait si bien Samuel, Hector et Samuel avaient si bien l'air de n'être qu'un seul homme, que pour que M. de Nossac ajoutât foi à cette accusation de folie que le marquis laissait insoucieusement tomber de ses lèvres, il fallait que le Veneur noir, le manoir de Holdengrasburg, Gretchen, Roschen, Wilhem et ses frères n'eussent jamais existé, que ce fût un long et pénible rêve fait une nuit de bivouac ou de tranchée, et qu'il avait pris pour la réalité elle-même.

M. de Simiane, la jeune fille et Hector suivaient du regard sur son visage les rapides émotions du doute et de l'angoisse qui se partageaient son esprit et l'avaient de nouveau absorbé et rendu muet.

Il sentit ce regard peser sur lui; il se prit à trembler en pensant qu'on était tout près de le taxer de folie, et il releva soudain la tête, fit un suprême effort, et ramena un franc sourire sur ses lèvres blêmies.

— Rassurez-vous, dit-il, je ne suis pas fou...

— Espérons-le, murmura Simiane.

— Seulement, monsieur ressemble d'une manière si parfaite à un jeune homme que j'ai connu en Allemagne et qui avait un frère jumeau qui lui ressemblait trait pour trait, que j'ai pu, que j'ai dû témoigner mon étonnement profond.

— Je ne croyais pas, reprit Hector en riant, avoir le type allemand aussi prononcé.

— Vous êtes blond, dit le marquis.

— C'est juste.

— Mademoiselle, reprit le baron, redevenant soudain l'homme de cour que nous avons vu déjà, je suis honteux que notre première entrevue ait été signalée par une scène aussi ridicule et dont je suis à la fois l'acteur médiocre et l'auteur malheureux; permettez-moi de vous offrir mes humbles excuses...

— Je les agrée, monsieur, répondit Yvonnette en rougissant.

— Mon ami Simiane, poursuivit le baron, est venu s'installer chez moi, aujourd'hui même; et, comme je ne connaissais aucun de mes voisins de château, il a bien voulu me présenter à monsieur le comte de Kervégan, votre père...

Yvonnette s'inclina.

— Quand vous nous avez rencontrés, mademoiselle, nous nous rendions au château.

— Vous y serez le bienvenu, monsieur, balbutia Yvonnette un peu troublée.

M. de Nossac remarqua cet embarras, se souvint des confidences de Simiane à l'endroit de la pauvreté du comte, et il comprit qu'Yvonnette songeait peut-être à ce que l'amour-propre de son père pourrait souffrir.

Et alors, comme les natures d'élite se comprennent entr'elles sans qu'il soit besoin d'échanger quelques paroles, il se sentit entraîné spontanément vers cette enfant si belle, si chaste, si digne, si gracieusement coquette et élégante sous sa robe de simple toile et son simple chapeau de grosse paille du pays de Tréguier.

—Puisque mon ami Nossac a jugé convenable de se présenter lui-même, ma belle cousine, dit Simiane, je n'ai plus de mission officielle et je vais reprendre mes attributions de vieux parent. Donnez-moi la main.

Le marquis mit pied à terre, passa au bras la bride de son cheval et offrit la main à la jeune châtelaine qui s'y appuya nonchalamment, comme on s'appuie sur un père ou un vieil ami.

Le baron eut un mouvement de jalousie, mais il était trop homme d'esprit pour ne pas le comprimer ; et, imitant M. de Simiane, il descendit de cheval à son tour, et, tandis que le marquis prenait les devants avec Yvonnette, il prit familièrement le bras d'Hector.

— Mon oncle sera ravi de vous voir, dit le jeune homme ; il y a fort longtemps qu'il le désire vivement et s'informe de l'époque de votre arrivée.

M. de Nossac tressaillit.

Hector avait la voix de Samuel autant qu'il en avait déjà le visage, la taille et le geste.

Le doute, cette chose affreuse, ce mal presque incurable, lui revint à l'esprit et s'empara de lui avec ténacité.

— Avez-vous voyagé? demanda-t-il, à peu près de ce ton qu'avait M. le lieutenant-criminel arrachant des aveux à un accusé.

— Hélas ! non, monsieur, répondit tristement Hector, je suis sans fortune, je suis, malheureusement ou heureusement, très-fier, et pour voyager selon son rang et sa naissance il faut de l'or. Je n'en ai pas.

— Au moins avez-vous quitté la Bretagne parfois ?

— Jamais.

— Vraiment ?

— Mon excursion la plus lointaine a été un voyage à Nantes, où j'allais voir le lieutenant du roi.

— Le connaissez-vous ? demanda M. de Nossac interrogeant toujours le visage impassible et naïf à la fois d'Hector de Kerdrel.

— A peine. Mais mon oncle, qui a été

colonel d'artillerie dans le même corps d'armée que lui, m'avait donné une lettre de recommandation.

— Alliez-vous donc solliciter?

— Sa protection, monsieur, fit Hector sans humilité ni arrogance.

— N'est-ce point M. d'Aiguillon?

— Oui, monsieur.

— Je le connais beaucoup, et si je puis...

— Oh! dit Hector, je demandais peu de chose...

— Quoi, encore?

— Une casaque dans les mousquetaires du roi.

— Et vous n'avez pas obtenu?

— Pas encore. Mais M. d'Aiguillon a chaudement apostillé ma lettre; et j'espère...

— Cordieu! monsieur, espérez; vous ferez un trop joli mousquetaire pour que le roi ne vous agrée pas sur-le-champ.

— Vous êtes bien bon, monsieur, mais je crois que la meilleure de mes recommandations...

— Est? demanda le baron.

— Le nom de mon père.

— En effet, dit M. de Nossac rappelant ses souvenirs, vous êtes de bonne et vieille maison. Les Kerdrel sont bien connus et apparentés dans l'Ouest.

— Mon père était colonel des Suisses.

— Je m'en souviens maintenant, et je crois même avoir servi avec lui sur le Rhin.

— C'est possible, monsieur, car il a fait toutes les guerres d'Allemagne.

Il y avait un accent de vérité tel dans

les réponses du jeune homme, il citait des noms si connus, si honorables, qu'il eût fallu être fou pour conserver encore quelques doutes à l'endroit de son idendité avec Samuel.

Les derniers soupçons du baron commençaient à s'évanouir et ils avaient complétement disparu, quand, au sortir d'une immense coulée de frênes, il vit se dresser devant lui la masse imposante du vieux manoir de Kervégan. M. de Simiane n'avait point menti, quand il avait annoncé le castel comme une construction du temps des Croisades, un aire véritable de chevaliers qui avait vu passer les siècles et qui était resté debout, malgré l'aile dévastatrice du temps.

Il avait tours massives, ogives et créneaux ; on voyait son beffroi à plusieurs lieues à la ronde et ses fossés étaient profonds.

Mais sur toute cette fière attitude, des touffes de lichen et de lierre d'Irlande avaient répandu un vaste manteau plein de jeunesse et de bonhomie, de grands bois, des prairies en fleurs, des coteaux couverts d'arbres fruitiers, toute une nature inoffensive et champêtre lui servait de repoussoir et semblait attester que sa mission belliqueuse était accomplie depuis longtemps.

Dans la cour *intra muros*, autrefois le champ de manœuvres des hommes d'armes, on avait laissé pousser en pleine terre des marronniers et des acacias qui enlaçaient leurs branches à l'entour des fenêtres, encadrant les ogives d'un feston capricieux.

Enfin, comme complément du tableau

et pour achever de mitiger l'aspect du vieux manoir, on avait laissé grimper aux murs, çà et là, une jeune vigne qui promettait des merveilles, malgré l'âpreté du climat breton.

Les deux gentilshommes et leurs guides n'eurent nul besoin de sonner du cor à la herse, la herse était baissée depuis un siècle et demi, et les chaînes qui la supportaient avaient une couleur de rouille qui témoignait de leur inaction.

Ils longèrent une allée sablée, trouvèrent la porte ouverte et entrèrent dans un vestibule fort délabré, comme tout le reste du manoir, mais où la jeune châtelaine avait fait placer à profusion des vases et des corbeilles de fleurs, — de ces belles fleurs des champs comme on n'en trouve aucune chez les jardiniers de Chaillot ou des buttes Saint-Chaumont.

Ainsi que le vestibule, l'escalier et les salles enfumées où la châtelaine conduisit ses hôtes et qui était le salon de réception, avaient leur toilette champêtre, et respiraient ce cachet de coquetterie naïve et fraîche qu'une jeune femme peut seule donner à une vieille demeure ou à un vieil époux.

Enfin, une porte s'ouvrit, et un domestique plus qu'octogénaire, mais portant gaillardement sa livrée, annonça d'une voix cassée qu'il s'efforça de rendre solennelle :

— M. le comte de Kervégan !

IV.

Le comte de Kervégan était un beau vieillard de soixante-dix ans, vert encore, malgré sa barbe et ses cheveux entièrement blancs.

Il était de haute taille et avait une suprême majesté dans la démarche et le geste.

Il avait même, du moins le baron le pensa, une vague ressemblance avec Berghausen, l'étudiant allemand qui s'était si bien acquitté du rôle de Veneur noir. Mais cette ressemblance était si faible, l'âge si disproportionné, que, malgré ses terreurs perpétuelles, M. de Nossac n'eut pas une seconde la pensée que ce pourrait être lui ; et d'ailleurs, autant le visage du châtelain de Holdengrasburg était avenant, bonhomme et manquait parfois de dignité, autant la figure du comte de Kervégan était austère, solennelle et pleine de grandeur.

Il s'avança vers ses hôtes d'un pas lent et majestueux, les salua de la main et vint droit au marquis.

— Mon cousin, lui dit-il, je vous remercie de ne point oublier un pauvre vieillard; j'ai conservé si peu de relations avec le monde, et le monde oublie si vite, que j'ai le cœur joyeux quand il m'arrive un parent ou un ami qui vient s'asseoir à mon foyer.

— On s'asseoit avec bonheur au foyer d'un homme comme vous, répondit Simiane.

Le comte alla au baron. :

— Monsieur le baron, dit-il, je remercie mon cousin Simiane d'avoir eu l'heureuse idée de nous mettre en relations. Nous sommes voisins de terre, et je me proposais de vous faire une visite aussitôt que votre arrivée me serait connue.

— Je suis heureux de vous avoir devancé, monsieur le comte.

— Je n'ai pas besoin de vous présenter ma fille, mademoiselle Yvonnette de Kervégan, et mon neveu, monsieur Hector de Kerdrel; car, je le vois, mon cousin Simiane s'est chargé de ce soin.

Le baron s'inclina.

— Mais, poursuivit le comte, j'espère être plus heureux et vous présenter, moi le premier, ma nièce, la marquise de Bidan, qui vient en France pour la première fois.

— Une créole, je crois, fit Nossac.

— La fille d'un de mes frères qui s'était fixé aux colonies.

— Elle est veuve, dit Simiane.

— Veuve à vingt-six ans, monsieur, d'un riche planteur. Elle m'a annoncé son arrivée sous les premiers jours. Elle vient se fixer auprès de moi.

— Ah! fit le baron, ne prêtant aux paroles du comte qu'une médiocre attention, et contemplant, à la dérobée, le charmant visage d'Yvonnette, toute rougissante de sentir ce regard peser sur son front.

— Le navire qui l'a à son bord, continua le comte, est attendu à Brest d'un jour à l'autre, et nous avions même l'intention, ma fille, mon neveu et moi, de partir pour cette ville et de l'aller attendre au débarquement.

— Cordieu! fit Simiane, je suis du voyage.

— C'est que, interrompit le comte avec une certaine hésitation, les moyens de transport sont difficiles...

Yvonnette s'approcha du marquis :

— Mon cousin, lui dit-elle à l'oreille,

mais cependant assez haut pour que Nossac, qui était près de lui, l'entendît, épargnez donc l'amour-propre de mon père, et n'insistez pas. Nous n'avons qu'une carriole d'osier... et vous comprenez...

— Monsieur le comte, s'empressa de dire M. de Nossac, je suis de l'avis de mon ami Simiane, et une seule difficulté pourrait m'arrêter : la crainte de gêner une première entrevue de famille.

— Oh ! fit le comte avec un sourire, des hommes comme vous ne gênent jamais personne.

— En ce cas, monsieur le comte, permettez-moi de vous offrir ma berline de voyage et un déjeuner chez moi pour le jour du départ. Mon château se trouve justement sur la route de Brest.

— J'accepte, dit le comte simplement.

— Quand voulez-vous partir? demanda Simiane.

— Mais... demain, si vous n'y voyez pas d'empêchement.

— Soit, fit le baron.

La conversation s'engagea alors sur des banalités qui servirent le baron à merveille, lui permettant de s'occuper exclusivement d'Yvonnette.

On retint les deux gentils hommes à dîner.

Simiane n'avait point menti, la pauvreté du manoir était de bonne roche; la vaisselle était éraillée, craquelée comme des vieux sèvres; le linge de table montrait la corde. Les mets furent rares, mais recherchés, et quant au vin, la couche de poussière qui recouvrait ses flacons attestait sa vieillesse et la parcimonie avec laquelle on le conservait.

Mais M. de Nossac n'y prit garde, et ne songea qu'à Yvonnette, ne vit qu'elle.

Il était placé à sa droite, il effleurait parfois sa main. Que lui importait tout le reste?

Le repas, malgré sa frugalité, se prolongea assez tard, et la nuit était venue quand le baron et Simiane songèrent à la retraite.

— Monsieur le comte, dit alors M. de Nossac, je vous offre à mon tour l'hospitalité au château, pour la nuit, afin que nous puissions partir de bonne heure.

Le comte parut hésiter, mais enfin il se décida.

— Soit, dit-il.

— Mademoiselle prendra mon cheval, et vous celui de Simiane, nous irons à pied en compagnie de monsieur Hecto

— Oh! non, dit Yvounette, je préfère cheminer à travers la lande.

— Et moi aussi, dit Simiane.

— Alors, fit le baron interrogeant d'un regard le jeune Hector, qui montera le cheval du marquis?

Hector se tut par timidité sans doute, mais il regarda sa cousine.

— Ce sera Hector, dit-elle. Il est mauvais cavalier, et, puisqu'il veut servir aux gardes, il faut qu'il s'enhardisse.

Un éclair de joie brilla dans les yeux du jeune homme.

— Est-il bien fougueux, votre cheval? demanda-t-il au baron.

— Ardent, mais non fougueux.

Hector sauta en selle avec un bonheur inouï ; et sans doute pour donner un démenti à sa cousine, il se prit à faire volter et caracoler le noble animal avec une hardiesse qui n'était peut-être pas la science, mais qui en avait la grâce et le sang-froid.

— Puis-je lancer au galop? demanda-t-il.

— Comme il vous plaira, mon jeune ami.

Pendant ce temps, le vieux comte de Kervégan avait mis le pied à l'étrier avec un peu de raideur, mais avec la méthode et la science d'un écuyer consommé ; et, lorsqu'il fut en selle, il eut, aux yeux du baron qui s'y connaissait, une haute et fière attitude rappelant les chevaliers du moyen-âge qui semblaient vissés sur leur selle.

— Voyons, dit-il, si je me souviens encore de mon ancien métier.

Et il lança son cheval après Hector, qui déjà commençait à disparaître sous la coulée de vieux chênes.

Nossac, Yvonnette et Simiane demeurèrent seuls.

Nossac donnait le bras à Yvonnette.

Ils s'enfoncèrent tous trois dans la lande, puis, par une habile manœuvre, le baron trouva moyen de se séparer du marquis, et de cheminer seul avec la jeune fille, sa main dans sa main, muet encore, mais ayant sur le cœur et dans la tête un flot de pensées tumultueuses qui ne demandaient, pour s'en échapper, qu'un choc ou une étincelle.

Et ce fut une route charmante que celle que firent les deux jeunes gens, à travers ces baies fleuries, ces landes embaumées, sous un ciel bleu que la brise de nuit irrisait à peine de quelques nuages floconneux ; et sans que leurs lèvres remuassent, sans que leur voix jaillît de leur poitrine oppressée, il se parlèrent ce muet et poétique langage de l'amour, qui, pour la première fois, se révélait à Yvonnette, et qui parut au baron sa première sensation de ce genre, tant elle était dégagée de ce parfum matériel qui avait présidé jusque-là à ses autres amours.

Tout-à-coup le galop d'un cheval se fit entendre et les troubla.

C'était Hector de Kerdrel revenant bride abattue.

—Monsieur le baron, cria-t-il, ma cousine la créole arrive : nous avons rencontré sa litière devant la grille de votre château, et mon oncle l'y a introduite.

M. de Nossac tressaillit profondément à cette brusque nouvelle. Pourquoi donc tressaillait-il ?...

V.

Depuis deux mois, M. de Nossac avait vu des choses si extraordinaires, il avait été, à la fois, acteur et spectateur d'un drame si étrange, — il venait naguère encore d'être surpris par une ressemblance si étonnante, qu'il s'attendait à tout et redoutait tout.

Cette femme qu'on lui avait annoncée, cette créole qui arrivait subitement et s'installait ainsi chez lui, — il en avait peur involontairement et sans pouvoir s'expliquer pourquoi.

Du reste, il en était ainsi pour lui de toutes les femmes, depuis son retour d'Holdengrasburg ; dans toutes, il lui semblait devoir reconnaître cette fatale Gretchen dont l'image le poursuivait partout, après laquelle il courait sans cesse, et que sans cesse il craignait de voir apparaître ; cette Gretchen aimée et haïe à la fois, appelée, désirée avec tous les rêves, tous les délires, toutes les fougues de la passion, et cependant écartée par la raison, repoussée par une aversion insurmontable.

Mais ce premier tressaillement n'eut pas de suite, cette première terreur s'évanouit, la froide raison vint à l'aide de son imagination troublée ; et, comme il se l'était dit si souvent depuis qu'il se trouvait jeté au milieu de ses fantastiques aventures, il murmura à part lui :

— Je suis fou !

Il fallait l'être, en effet, pour songer à Gretchen à propos d'une créole arrivant d'Amérique. Seulement il était bien malencontreux, bien étourdi ce jeune écervelé qui accourait ainsi bruyamment, au galop d'un cheval hors d'haleine, et qui criait :

— Ma cousine arrive !

C'est-à-dire :

— Assez longtemps, monsieur le baron, vous vous êtes enivré de l'haleine embaumée d'Yvonnette ; assez longtemps sa main a frissonné dans votre main, son cœur assez longtemps battu au bruit saccadé de votre cœur ; vous avez assez aspiré les parfums des champs et des genêts en fleurs, vous avez assez cheminé en silence et l'âme ivre au travers des bruyères d'or et sous les coulées ombreuses et discrètes... Vous aviez oublié la vie réelle pour la vie enchantée, le positif aride pour le rêve charmant, le drame sombre pour la féerie !.. Çà, mon maître, il est temps de reprendre la chaîne de fer de la vie vulgaire, de briser le rêve, de chasser la féerie... Rêve et féerie sont terminés ! Jetons la coupe vide de l'espérance et reprenons le verre terni du présent.

Le cruel enfant avait dit tout cela dans une seule phrase; car annoncer l'arrivée de cette cousine inconnue, n'était-ce pas arracher du front ébloui de la jeune fille le bandeau de l'illusion? N'était-ce point encore souffler sur ce premier château de cartes que l'ombre de l'amour édifiait, à l'aide de la brise, de la nuit et des parfums, dans son cœur de femme, pour y planter l'aiguillon de la curiosité, cet éternel hochet des enfants?

N'était-ce point enfin lui faire oublier soudain et le baron et ces inspirations inconnues, à peine écloses de l'amour qui venait; et le murmure charmant des arbres s'inclinant sur leur passage et semblant leur dire :

— Aimez-vous !

Un moment fascinée, en proie à ce charme mystérieux qu'elle ne songeait point encore à s'expliquer, Yvonnette tressaillit, comme avait tressailli M. de Nossac à la voix bruyante d'Hector de Kerdrel ; et tandis qu'il était encore sous le poids de cette oppression bizarre et de cette inexplicable terreur dont nous parlions tout-à-l'heure, — elle rougit involontairement et retira brusquement sa main qu'il serrait dans la sienne.

Puis encore elle poussa un petit cri joyeux et dit :

— Hâtons-nous... vite, monsieur, vite !

Et elle pressa le pas.

Le charme était rompu, brisé pour l'instant, — le baron obéit et, comme elle, accéléra sa marche.

Alors ce ne fut plus sa main qu'elle prit, ce ne fut pas même son épaule sur laquelle elle s'appuya avec un abandon plein de langueur; elle se contenta de passer le bout de ses doigts sur son bras et de cheminer à côté de lui, — tandis que, semblant conspirer avec la fatalité dont il était le messager, l'étourdi cavalier ralentissait l'allure de son cheval et se rangeait auprès des deux piétons.

M. de Nossac, cette fois, fut pris à l'endroit du jeune homme d'une sourde colère, et, oubliant un moment sa gentilhommerie habituelle et sa politesse de cour, il lui dit brusquement :

— Mon jeune ami, mon cheval est en sueur, et la fraîcheur du soir est malsaine; soyez donc assez bon pour lui donner un dernier coup d'éperon et le rendre à l'écurie, où mes valets le bouchonneront.

— Craignez-vous qu'il lui arrive mal?

— Il peut fort bien en mourir dans les vingt-quatre heures.

Ces derniers mots furent dits d'un ton si sec et si bref, qu'Hector enfonça l'éperon aux flancs essoufflés du cheval et partit comme un trait, laissant seuls, une fois encore, le baron et mademoiselle de Kervégan.

Mais le baron s'était bercé d'un fol espoir, et vainement il eût cherché à renouer les anneaux de cette chaîne électrique et mystérieuse établie tout-à-l'heure entre Yvonnette et lui, et si brutalement rompue par la voix d'Hector;—Yvonnette ne songeait plus qu'à une chose, à sa cousine inconnue, et elle avait oublié le baron.

Ils arrivèrent au château quelques minutes après. Là l'impatience de la jeune fille devint telle qu'elle se mit à courir, et, maugréant et pestant, le baron la suivit jusqu'à la porte de son propre salon où déjà était installée la créole, avec son oncle le comte de Kervégan et le marquis de Simiane, qui, par un autre sentier et un raccourci, avait trouvé le moyen de gagner une demi-heure sur lui et la jeune fille.

Sur le seuil du salon, le baron fut repris de ce tressaillement inexplicable, de cette terreur sans but qui avait naguère envahi son esprit et son âme, et il songea involontairement à Gretchen.

— Allons, baron, cria Simiane du fond

du salon, hâte-toi et viens faire les honneurs de ton hospitalité.

Cette voix triompha de l'hésitation du baron, qui, redevenant soudain homme de cour et le galant gentilhomme que nous avons vu au prologue de cette histoire, mit son chapeau sous son bras et s'avança, la tête rejetée en arrière et le mollet nerveux; puis salua du milieu du salon la créole qui était à demi-pelotonnée dans une ganache.

L'Américaine se leva aussitôt, et, en rendant son salut au baron, se trouva placée sous le rayon de lumière des candélabres, et eut le visage éclairé en plein.

Au salut digne et un peu nonchalant de la créole, M. de Nossac répondit par un cri d'angoisse, de stupéfaction, presque d'horreur.

— Gretchen ! s'écria-t-il, c'est Gretchen !

L'étonnement se peignit sur tous les visages, et particulièrement sur celui de la créole.

— Oh ! reprit le baron hors de lui, c'est Gretchen.

Au lieu de répondre, la créole interrogeait du regard son oncle et le marquis.

Ce dernier s'écria :

— Jusqu'à présent, je ne l'ai point voulu croire; mais il n'y a plus à en douter maintenant, Nossac est fou !

M. de Nossac rougit, se précipita vers la créole, lui prit les mains, l'attira sous le rayon des candélabres, et lui dit :

— Soutiendrez-vous que vous n'êtes pas cet être infernal et mystérieux qui, en Allemagne, me suçait le sang comme un vampire; qui, la nuit, s'appelait Hélène Borelli et se disait trépassée; qui, le jour, portait le nom de Gretchen; qui...

— Monsieur, dit froidement la créole, je ne sais ce que vous voulez dire. Vous m'accusez de vous avoir sucé le sang en Allemagne, et je n'y ai jamais mis les pieds.

Le baron fit un geste d'incrédulité.

— Si vous doutez, reprit-elle, veuillez lire sur mon passeport mes noms et prénoms, et vous assurer que j'arrive de la Martinique. J'ai débarqué à Brest ce matin même. Si vous ne croyez pas à mon passeport, interrogez le postillon qui m'a conduite ici; si vous élevez un doute sur la sincérité du postillon, écrivez à l'amiral qui commande le port de Brest, et qui m'a donné la main pour descendre à terre...

— Il y a une chose beaucoup plus simple, dit Simiane, et qui va te convaincre que tu es *toqué*, mon bon ami.

— Voyons! fit le baron les sourcils froncés.

— Gretchen ressemblait à ta femme?

— Trait pour trait.

— Madame ressemble à Gretchen?

— C'est elle!

— Soit; en ce cas, elle ressemble pareillement à ta femme?

— Oh! oui, si je n'avais vu le cadavre à demi rongé d'Hélène, je jurerais...

— Mon bon ami, fit le marquis avec flegme, te souvient-il que c'est moi qui ai fait ton mariage?

— Oui.

— Eh bien ! je ne trouve entre Hélène Borelli et madame qu'une ressemblance si vague, si banale...

Le baron recula.

— Qu'elle ne m'apparaît qu'à présent, continua le marquis. En doutes-tu ?

— Oh ! oui, j'en doute ! je ne crois même pas !

— Ta femme est morte ici ?

— Oui.

— Tes domestiques l'ont tous vue ?

— Oui.

— Fais-les monter.

M. de Nossac s'empara d'un gland de sonnette et le secoua vivement.

Le jardinier qui, le matin, avait ouvert la bière de la baronne, parut.

— Regarde madame, dit le baron.

Le jardinier jeta sur la créole un coup

d'œil étonné, puis regarda son maître d'un air qui signifiait : Pourquoi voulez-vous que je la regarde?

— Eh bien? demanda le marquis triomphant...

M. de Nossac était tenace ; il retourna à son gland de sonnette et fit successivement monter tous les domestiques.

Aucun ne reconnut la baronne de Nossac dans la créole.

Le baron demeura anéanti.

— Tu le vois bien, dit alors Simiane, tu es fou! fou par un côté du cerveau. Je m'accorde à reconnaître que tu es raisonnable sur tout ce qui ne touche pas à Gretchen.

M. de Nossac chancelait comme un homme atteint de la foudre ; — tout-à-coup il lui prit un délire si extravagant, qu'il ressemblait à la sagesse.

— Eh bien ! dit-il, je commence à le croire, je suis fou ! Mais cela ne m'empêchera point de faire à mes hôtes les honneurs de mon manoir, et nous allons souper aux flambeaux.

On soupa, en effet; M. de Nossac, qui avait besoin de s'étourdir, but comme un cordelier, et plaça la créole en face de lui.

Pendant le repas, il eut constamment son œil fixé sur elle, étudiant les lignes de son visage, cherchant à surprendre un signe, un mouvement, un regard qui trahit Gretchen.

La créole fut impassible; — et à onze heures du soir, M. de Nossac se retira ivre et à moitié fou dans son appartement.

Mais une fois seul, une fois dans le silence et les ténèbres de l'alcôve, ses terreurs le reprirent. Gretchen, un moment écartée, reconquit son influence despotique et fatale, et le baron, étreint par les fumées du vin, frémissant, hors de lui, se dressa sur son séant, les cheveux hérissés, et murmura :

— C'est elle ! c'est Gretchen !...

Et tandis qu'il était en proie au délire, une autre pensée lui vint.

— Elle va venir, pensa-t-il, elle me sucera encore... comme là-bas...

Et cette fois, fasciné, dominé par une étrange et furieuse ferveur, il sauta à bas de son lit, alla prendre son épée et revint s'asseoir presque nu sur sa courtine, disant avec un éclat de voix que la folie rendait sinistre :

— Oh! j'y verrai clair, cette nuit, et Roschen ne sera plus là pour recevoir mon épée... Je frapperai... je frapperai un coup terrible!

VI.

Le baron demeura longtemps assis sur son lit, les cheveux hérissés, l'œil en feu, tenant convulsivement dans sa main la garde de son épée, et le cœur serré comme on l'a à l'approche de tout danger réel, de toute action énergique et même criminelle.

Car enfin, tuer une femme ! une femme qui entrerait sans doute sans défense, une femme qu'après tout il aimait d'un amour étrange et fatal... n'était-ce point un crime?

Et puis pourquoi la tuerait-il?

M. de Nossac se fit ces deux réflexions presque simultanément, et, à chacune d'elles, il frissonna.

Cette femme, il la redoutait, il en avait peur, il frémissait en y songeant, comme on frémit à la seule pensée du contact glacé d'un reptile; il la regardait comme un être dominateur, fatal, surnaturel, qui avait une puissance mystérieuse, inconnue, au-dessus de toute force humaine. Et, en disant cela, M. de Nossac pensa que ce n'était plus une lâcheté d'engager une lutte avec elle et d'avoir le courage de la braver hardiment.

Mais pourquoi la tuerait-il ?

Pourquoi ? parce qu'il avait peur, parce qu'il tremblait, parce qu'il la baisait et l'aimait, sans pouvoir approfondir ces deux sentiments, sans oser en mesurer la violence.

Parce que cette femme était un vampire, que ce vampire suçait son sang, et que son sang qui s'en allait, c'était la mort.

Et après avoir répondu par ces réflexions aux deux questions que son esprit troublé s'était posées involontairement, M. de Nossac continua à étreindre son épée dans sa main crispée, et à attendre, immobile, sans souffle, sans voix, l'heure où le vampire paraîtrait.

Car il *paroîtrait*, le vampire, il viendrait, comme à Holdengrasburg, s'asseoir lentement à son chevet, puis se coucher côte à côte avec lui, le mordre au cou et aspirer gorgée par gorgée, sans se presser, avec une volupté indicible, le plus pur de son sang.

Et il en était si sûr, qu'il ne prit garde ni au temps qui s'écoulait, ni au froid de sa main qui engourdissait ses tempes et glaçait la sueur qui perlait à son front ; et cependant l'heure passait, et le silence n'était troublé par aucun bruit, les corridors étaient muets, les verrous de sa chambre immobiles, la porte close, les fenêtres opaques, et sans qu'une ombre blanche essayât d'en rayer le sombre manteau.

La grande horloge seule, cette horloge

d'airain à cage de chêne que les anciens maîtres du château avaient placée au repos de l'immense escalier, se faisait seule entendre, de distance en distance, arrachant de lugubres plaintes aux échos endormis du manoir qu'elle éveillait en sursaut.

Le baron compta tour à tour minuit, minuit et demi et une heure.

Alors son courage commença à faiblir, le froid de la nuit lui arracha un frisson, la fièvre qui le brûlait s'apaisa un moment, et, à mesure que la raison revenait, il ne pouvait s'empêcher de songer que ni le marquis, qui était son ami, ni ses domestiques, n'avaient reconnu madame de Nossac dans Gretchen. Était-il donc, une fois encore, le jouet de son imagination en délire, et cette ressemblance n'était-elle que vague et indécise, au lieu d'être étrange et frappante comme il le croyait ?

Et puis ces preuves palpables, irrécusables que la créole lui avait offertes de sa non-identité avec Gretchen ?

Mais Gretchen n'en avait-elle point fait autant, quand il avait prétendu qu'elle était la baronne de Nossac ?

Et le doute, un moment ébranlé dans l'esprit du baron, y revint plus tenace et plus fort ; — et alors, de l'anxiété il passa à l'angoisse, et de la peur qu'il avait de voir Gretchen apparaître, au désir de l'avoir près de lui....

Et, comme le délire revenait, il se prit à appeler Gretchen de toutes les forces de sa volonté, sans que, cependant, ses lèvres pussent s'entr'ouvrir, sa gorge crispée jeter un cri!...

Et il se prit à songer aux nuits mystérieuses d'Holdengrasburg et aux visites du vampire avec un âcre volupté, une sorte d'appétence furieuse qui lui eût fait horreur certainement, s'il eût eu la plénitude de sa raison; il se souvint avec un frémissement indicible des baisers glacés de Gretchen, de cette femme vivante ou morte qui venait à lui sans briser les serrures fermées, sans enfoncer les portes verrouillées, et se couchait sur son lit sans qu'il eût la force ni la volonté de l'en empêcher.

Deux heures sonnèrent à l'horloge, — Gretchen ne vint pas.

Le baron fit un suprême effort, un son

presque inarticulé parvint à se faire jour dans sa gorge, et il cria :

— Gretchen ! Gretchen !

Et comme rien ne répondit :

— Gretchen... reprit-il, Gretchen, je t'aime !...

Même silence.

— Gretchen, continua-t-il, je voulais te tuer d'abord, mais ne crains rien, maintenant...; je t'aime... Viens... tu me prendras tout le sang que tu voudras...; tu m'épuiseras les veines l'une après l'autre... Gretchen, ma bien-aimé... Gretchen..., viens !

Gretchen demeura sourde, et nul autre bruit que la voix fiévreuse et saccadée du baron ne troubla les muets échos de la chambre.

— Oh ! reprit M. de Nossac, je le vois,

tu as peur, peur que je ne te tue... Eh bien! ne crains plus rien maintenant... Tiens!..

Et il jeta son épée.

Gretchen ne parut point sensible à cet acte de soumission, car aucune forme blanche ne se dessina dans l'obscurité.

— Je le vois, poursuivit le fou après un moment d'anxieuse attente, tu ne te fies point à moi... tu crains que je ne reprenne mon épée... Eh bien! je vais la briser.

Et il alla à tâtons en se heurtant aux angles des meubles, ramassa son épée, l'appuya sur son genou, la brisa en deux endroits, — en jeta les tronçons ensuite et criant de nouveau :

— Gretchen! Gretchen!

Le baron était glacé, et, tout en attendant Gretchen, tout en l'appelant de ses vœux et de sa voix délirante, il se remit instinctement dans son lit; et de plus en plus étreint et brûlé par la fièvre calmée un moment et revenue au galop, il finit par perdre l'entière connaissance de sa situation et de ses actes, se roula dans ses draps, et s'endormit d'un lourd sommeil, en murmurant :

— Mon lit sera bien chaud, Gretchen, et toi qui as toujours froid... Oh! viens...

Trois, quatre et cinq heures sonnèrent successivement, le jour vint, et, filtrant au travers des contrevents, éveilla le baron qui rêvassait et parlait à haute voix dans son rêve, mêlant les noms de Samuel et de Gretchen, de Roschen et d'Yvonnette.

En ouvrant les yeux et tout impressionné encore des visions du cauchemar, il se crut sans doute à Holdengrasburg car, sautant à terre, il courut à la fenêtre qu'il ouvrit, voulant voir si le paysage avait changé une fois de plus, et s'il revêtrait la forêt et la prairie, ou la plaine stérile et l'eau bouillonnante du torrent.

Au lieu de tout cela, il aperçut les grands arbres de son parc, les grands arbres en fleurs, au travers desquels le soleil glissait un premier rayon, et dont chaque branche était un instrument d'où s'élevait un frais concert d'oisillons.

L'air du matin était pur, enivrant, le baron y plongea son front avec une avidité voluptueuse, et les derniers frissons s'en allèrent à son contact.

Tout-à-coup un bruit se fit derrière lui.

C'était le marquis.

— Parbleu! dit-il en entrant, pour un homme qui s'est couché gris, te voilà éveillé bien matin.

— Je n'étais pas gris.

— Non, tu étais vert, et tu chancelais à ravir.

— Tu crois?

— Parbleu! Au reste, je te dirai, en manière de consolation, que tu es beaucoup plus aimable gris que sobre.

— Tu trouves?

— Tu as été charmant hier soir, plein d'esprit, de finesse. La créole t'a trouvé ravissant.

Le marquis tressaillit.

— Ne me parle pas de cette femme, dit-il.

— Pourquoi?

— Parce que j'en ai peur.

— Ah ! par exemple !

— Je suis sûr que c'est Gretchen.

Simiane leva les yeux au ciel avec compassion et murmura :

— Quel dommage qu'un si bon gentilhomme soit toqué par un coin du cerveau. La corde de son esprit qui répond au nom de Gretchen est décidément montée outre mesure.

M. de Nossac regarda le marquis. Le marquis avait un visage si bouleversé, si plein de compassion, qu'une fois de plus il se prit à songer que peut-être il avait raison et qu'il était réellement fou.

— Parbleu ! continua Simiane, en voici des preuves...

Et il ramassa les tronçons et la pointe de l'épée brisée en trois morceaux :

— As-tu pourfendu un mur? demanda-t-il.

M. de Nossac ne répondit pas. Un bruit subit l'avait attiré de nouveau vers la fenêtre, — et son œil, plongeant dans le parc, s'était arrêté sur un groupe composé d'un homme et d'une femme, une jeune femme et un tout jeune homme...

Hector de Kerdrel et sa cousine la créole.

Elle s'appuyait sur son bras avec une nonchalance lascive, un laisser-aller qui sentait les chaudes contrées où elle était née, — un abandon qui fit pâlir de colère M. de Nossac.

— Qu'as-tu donc? demanda Simiane.

— Je ne sais, répondit le baron, mais que cette femme soit ou non Gretchen, j'en suis jaloux...

Le marquis poussa un éclat de rire :

— Et Yvonnette? fit-il.

— Yvonnette? murmura la baron, comme un homme qui évoque un souvenir lointain et presque effacé, qu'est-ce qu'Yvonnette?..

Le marquis poussa un soupir.

— Décidément il est fou ! murmura-t-il.

VII.

C'était peut-être la dixième fois depuis vingt-quatre heures que M. de Nossac entendait retentir autour de lui cette exclamation :

« Il est fou ! »

Et certes, il l'était en ce moment ; — et il finit par y croire lui-même, quand, avec la rapidité fantasmagorique qui est propre à la mémoire, il se souvint de tout ce qui s'était passé la veille.

Qu'était-ce qu'Yvonnette ?

Il avait pu faire une question pareille quand, la veille, il contemplait la jeune fille avec ravissement ; quand sous les coulées ombreuses au travers desquelles la lune répandait ses lueurs tremblantes, il frissonnait de volupté au son de sa voix, au contact de sa main, au frôlement d'une boucle errante de ses cheveux, au bruissement de son haleine...

Il avait demandé ce qu'était Yvonnette, quand, une heure, il s'était pris à penser que son amour serait, pour l'homme qui l'obtiendrait, un de ces bonheurs auprès desquels les joies du paradis sont décolorées et monotones.

M. de Nossac, en se souvenant, comprit enfin que sa raison s'en allait grand train, et qu'il courait à triples guides sur la route de la folie.

Aussi regarda-t-il M. de Simiane avec un de ces douloureux étonnements qui semblent demander tout à la fois de la pitié et un conseil.

— Ma foi ! oui, mon cher, reprit le marquis après un instant de silence, tu deviens fou.

— J'en ai peur, murmura Nossac.

— Et moi, j'en tremble.

— Que veux-tu ! Cette créole maudite ressemble si fort à Gretchen.

— Ou plutôt, cher, cette Gretchen remplit si bien ton imagination, que la moindre ressemblance t'abuse et que tu la vois partout.

— Serait-ce donc vrai ? fit M. de Nossac, se parlant à lui-même, mais assez haut pour que le marquis l'entendît.

— Si vrai, que si Gretchen ressemble à ta femme, la belle créole ressemble très-peu à Gretchen, puisque tes domestiques...

— Mon Dieu ! ils ont pu oublier le visage d'Hélène.

— Tarare ! dit le marquis, il est bien plus sage d'admettre que tu es *bien dûment écorné du cerveau.*

Le baron appuya sa tête dans ses mains, et rêva quelques minutes.

— Que je sois fou ou non, dit-il, j'aime Gretchen !

— Parbleu ! je le vois bien.

— Et tout ce qui, pour moi, ressemble à Gretchen.

— Ah! ah!

— Cette créole lui ressemble...

— Et tu aimes déjà la créole?

— Je le crains.

— Mais Yvonnette?

— Je l'aimais hier...

— Tu l'aimeras demain.

— Jamais!

— Nous verrons...

— C'est la créole que j'aime, — elle ressemble à Gretchen.

— D'accord. Seulement, la créole ne t'aime pas.

Le baron recula.

— Elle ne t'aimera jamais.

Le baron fronça le sourcil et pâlit.

— Car elle en aime un autre.

Le baron rugit.

— Et qui donc? s'écria-t-il.

— Son jeune cousin.

— Hector?

— Justement.

— Mais elle l'a vu à peine.

— Qu'importe!

— Elle ne le connaissait pas hier...

— Elle le connaît aujourd'hui.

— Mais c'est un enfant...

Simiane éclata de rire.

— Raison de plus. Barbe vierge, joues roses, œil bleu, cheveux blonds, taille frêle, mains de femme, sourire d'ange, — en voilà plus qu'il n'en faut pour tourner la tête à une femme de vingt-huit ans. Et il a tout cela.

— Oh! fit le baron avec dédain.

— Nous, continua le marquis, nous,

hommes de trente ans, déjà pâlis, usés, saturés par de précoces débauches, nous ne réussissons plus guères, mon cher, qu'auprès des jeunes filles naïves, ignorantes, qui cherchent un maître et un instituteur dans un mari, — et non un élève et un esclave, comme ces femmes qui montrent si coquettement leurs dents blanches à l'adolescence, en un sourire provocateur.

— C'est juste, pensa tout bas M. de Nossac.

Mais son orgueil l'empêcha d'avouer tout haut cette réflexion.

— Eh bien! fit-il avec colère, je veux que cette femme m'aime... et elle m'aimera!

— Folie!

Le baron se redressa, rejeta la tête en arrière et dit fièrement :

— Je me nomme Nossac !

— Tu te nommais, baron...

— Que veux-tu dire ?

— Que tu n'es plus que l'ombre de toi-même.

Le baron tressaillit et regarda son visage pâle et fatigué dans une glace voisine.

— Tu n'es plus que l'ombre de ce baron de Nossac que tout Paris, que Versailles admirait, il y a un an, pour l'élégance de ses costumes, le bon goût de sa maison, le faste de son existence, la finesse de son esprit et le nombre de ses bonnes fortunes.... Tu n'es plus ce débauché parfumé qui dormait dans les ruelles et veillait sous les balcons comme don Juan....

— Je suis donc bien changé ?

— Regarde-toi.

Le baron s'approcha davantage de la glace.

— Tu as le visage abattu, maigri, hâlé, l'œil cerclé de bistre, la lèvre pendante, la barbe mal taillée. Tes mains ont grossi pendant la dernière campagne, le cheval t'a rendu cagneux, ta taille épaissit, tes joues s'empâtent...

— Tu exagères, cher, fit M. de Nossac, reprenant, une seconde, ce ton de fatuité légère qu'il avait autrefois; tu exagères, et je te parie mille louis que la créole m'aimera.

— Je tiens le pari pour mes créanciers. Mais d'abord, si tu ne veux que je joue à coup sûr, ingénie-toi à couper court à cette promenade sentimentale dont la créole et son cousin honorent les allées de ton parc.

Et, du doigt, le marquis, toujours railleur, indiqua une seconde fois la belle Américaine appuyée nonchalamment au bras d'Hector de Kerdrel.

Un éclair de colère étincela dans l'œil du baron. Il porta vivement la main à son épée et murmura :

— Je le tuerai !

M. de Simiane haussa les épaules.

— Tue, mon bon ami, tue, dit-il, et je réponds de mes mille louis.

— Comment cela ?

— Eh ! sans doute ! elle l'aime, et c'est son cousin. Si tu le tues, elle aura pour toi la haine la plus magnifique qui soit sortie jamais d'un cœur de femme belle, titrée et amoureuse. Il n'y a que les bourgeoises qui puissent pardonner à un gentilhomme leur amant de leur avoir fait assommer leur mari à coups de bâton par sa livrée.

— C'est juste, fit M. de Nossac convaincu.

— A ta place, je préférerais l'éloigner habilement.

— Mais comment?

— N'es-tu pas colonel de Royal-Cravate?

— Sans doute.

— Donne-lui une lieutenance, et, son brevet accepté, ordonne-lui de rejoindre immédiatement son corps.

Le front plissé du baron se rasséréna soudain.

— C'est cela, dit-il, cours lui dire que je veux lui parler.

— Pourquoi n'y point aller toi-même?

— Elle me fait peur.

— Singulier amour que le tien ! tu as peur de la femme aimée.

— Oui, mais je m'aguerrirai !

— Dieu le veuille !

— Et elle m'aimera !

— Dieu le fasse ! mais tu n'es plus beau. Or, pour toucher les femmes, il faut ou beauté, ou esprit, ou courage. Ta beauté s'en va grand train, ton esprit éprouve de terribles somnolences sous l'impression du souvenir de Gretchen, et quant à ton courage...

— Hein ? fit le baron, fronçant le sourcil.

— Je sais bien qu'il est toujours le même ; mais encore faut-il trouver une occasion de le montrer.

— Tu connais le pays, n'est-ce pas ?

— Comme Versailles.

— Alors tu me trouveras bien aux environs quelque gentillâtre mal léché et taciturne, à qui je puisse faire une querelle d'allemand, pour le convertir en fourreau d'épée...

— Peste!

— Que veux-tu! aux grands maux, les grands remèdes. L'amour a des exigences cruelles.

— Mon cher, dit philosophiquement le marquis, le duel est une plaisanterie; tout le monde se bat, même les coquins. Mon maître d'hôtel s'est battu, mon parfumeur se battra au premier jour, et ton valet de chambre, si l'occasion s'en présente, enverra un cartel à ton cocher. Un duel pour faire preuve d'audace? Allons donc!

Une fois de plus, M. de Nossac fut obligé

de convenir, à part lui, que le marquis avait raison.

— Eh bien ! fit-il, si je luttais devant ses yeux corps à corps avec un ours.

— Il n'y pas d'ours en Bretagne.

— Avec un sanglier ?

— C'est possible. Ceci serait plus ingénieux, surtout si tu avais le bonheur de te faire découdre une jambe. Les amants boiteux ont des chances infernales.

— Raille, mais je suis décidé !

— Et à quand ce spectacle ?

— Aujourd'hui même.

— Baron, mon ami, tu es moins fou ; tu redeviens spirituel.

— J'essaie, fit modestement M. de Nossac.

Le marquis alla de nouveau vers la fenêtre :

— Bon! dit-il, voilà nos amoureux disparus sous les massifs.

Une étincelle de jalousie s'alluma dans l'œil du baron, et laissant Simiane stupéfait, il s'élança vers l'escalier, le descendit quatre à quatre et gagna le parc en courant.

VIII.

La créole et le jeune Hector avaient gagné un petit salon de verdure, une charmille épaisse, dont le soleil essayait vainement de tréfler les réseaux, et qui entrelaçait ses méandres de feuillage au-dessus d'une petite source jaillissant du sol et courant sous l'herbe verte et drue.

Quand le baron, guidé par un secret instinct, arriva à la charmille, la créole était à demi couchée sur un banc de gazon, passant, avec distraction, sa belle main blanche dans la chevelure bouclée d'Hector, assis à ses pieds.

M. de Nossac fit un soubresaut et éprouva une violente douleur au cœur; — mais cette douleur eut un effet salutaire, car elle le préserva de cette indicible émotion qu'il avait ressentie la veille en présence de la créole, et qu'il eût subie, une fois encore, sans nul doute.

Au bruit de ses pas, la créole retira vivement sa main; puis tourna languissamment la tête, tandis que le jeune Hector se levait en rougissant et un peu embarrassé.

— Madame, fit le baron en s'inclinant, je vous cherchais...

— Vous êtes mille fois trop aimable, monsieur le baron.

— C'est mon devoir de châtelain, madame; je venais vous renouveler mes humbles excuses...

— Quelles excuses, baron?

— Pour ma sotte conduite d'hier.

La créole laissa glisser sur ses lèvres un sourire nonchalant :

— Je ressemble donc bien à Gretchen ?

— Oh ! fit le baron, c'est elle !

— Quelle folie !

M. de Nossac fit un mouvement d'impatience.

— Encore ce mot de fou, murmura-t-il.

— Pardon, monsieur, je voulais dire qu'il y a des ressemblances bizarres.

— Oui, madame, fort bizarres ; vous ressemblez tellement à Gretchen, que vous avez comme elle les mêmes plis dans le coin des lèvres, les mêmes phalanges aux mains... la même fossette au menton...

Hector avait reculé d'un pas et jetait un regard jaloux sur le baron, qui continuait à presser dans ses mains les mains de la créole.

M. de Nossac surprit ce regard, et sa colère, un moment apaisée, lui revint et mit un éclair dans son œil.

— Monsieur de Kerdrel, dit-il, êtes-vous veneur ?

— Oui et non, monsieur.

— Pourquoi oui et non ?

— Parce que j'ai tous les instincts de la

noble science, sans les pouvoir mettre en pratique.

— Et pourquoi?

Hector rougit :

— Parce que mon oncle est pauvre, et que nous n'avons ni piqueurs, ni équipages, ni chevaux.

La créole se sentit rougir à son tour de l'aveu que venait de faire le jeune homme, et celui ci, surprenant ce trouble, redressa la tête avec orgueil et sembla se draper dans sa pauvreté comme dans un manteau de roi.

M. de Nossac en pâlit; tout tournait contre lui, même l'humiliation de son rival que l'amour relevait pour en faire une gloire.

Aussi reprit-il, les dents serrées :

—Eh bien ! vous chasserez aujourd'hui.

— Aujourd'hui ?

— Je venais supplier madame d'assister à une chasse au sanglier que nous avons projetée Simiane et moi.

— Avec plaisir, fit la créole.

— Nous partirons après déjeuner. J'ai d'excellents chevaux.

— Tant mieux ! dit la créole. Vous me donnerez le plus fougueux.

— Et moi le plus rétif, dit Hector.

La créole poussa un petit cri, un mélange de frayeur et d'amour presque maternel.

— Je ne veux pas ! dit-elle.

— Et pourquoi ? demanda le jeune homme.

— Parce que vous vous casseriez bras et jambes, méchant étourdi !

Et elle lui passa de nouveau la main dans les cheveux.

M. de Nossac rugit intérieurement et devint livide !

— Soyez tranquille, madame, dit-il avec une sourde ironie, M. de Kerdrel est bon cavalier; en moins d'une heure, il m'a rendu un cheval fourbu.

Hector, à son tour, eut un mouvement de colère.

— Et je l'en veux punir, continua dédaigneusement le baron.

Hector prit l'attitude d'un homme qui s'attend à être provoqué.

—Je vous fais cadeau du pauvre animal et vous mets dans l'obligation de le garder, mon jeune ami.

Le ton du baron était puissamment protecteur.

— Je l'accepte, fit Hector sur le même ton d'ironie.

— Et comme il faut qu'un lieutenant de dragons de Royal-Cravate soit convenablement monté, vous me permettrez de vous en offrir un second.

— Je ne suis pas lieutenant de dragons! fit le jeune homme stupéfait.

— Vous ignorez donc que je suis colonel de Royal-Cravate?

— Absolument.

— Et que j'ai un brevet de lieutenant en blanc?

L'œil d'Hector s'alluma.

— Or, continua M. de Nossac à qui ce rôle d'homme magnifique rendait l'avantage, il n'y a qu'un nom à écrire dessus, et, si vous le permettez, ce nom sera *Hector de Kerdrel*!

Le jeune homme poussa un cri de joie, — mais ce cri fut aussitôt réprimé par la créole :

— Je ne veux pas, dit-elle avec son petit ton impérieux et boudeur.

— Ah ! ma cousine.

— Quand vous serez lieutenant, monsieur le baron vous enverra vous faire tuer.

— Ou conquérir un grade de capitaine, fit Hector avec enthousiasme. J'accepte, monsieur le baron.

— Si je le veux..... fit la créole.

— Oh ! ma petite cousine, murmura Hector en se mettant de nouveau aux genoux de l'Américaine, ma petite cousine, soyez bien gentille... permettez-moi...

— Eh bien ! murmura-t-elle émue, nous verrons...

M. de Nossac tremblait de fureur. Il comprit qu'il fallait rompre un peu pour ne pas reculer indéfiniment, et il répondit:

— Soit, nous en reparlerons. Maintenant, allons déjeuner et cherchons M. de Kervégan et sa fille.

— Ils sont partis ce matin, dit Hector.

— Et pourquoi cela?

— Pour faire préparer l'appartement de ma cousine. Mais ils nous attendent tous ce soir.

— Ah çà, continua Hector, avez-vous une belle meute?

— Douze chiens seulement.

— C'est insuffisant pour forcer le sanglier.

— Aussi ne le forcerons-nous pas.

— Qu'en comptez-vous donc faire?

— Je compte le tuer à coups de couteau de chasse, dit le baron avec un sang-froid superbe.

Un nuage d'admiration passa sur le front de la créole, et, au lieu de prendre le bras d'Hector, elle prit celui du baron et s'y appuya comme on s'appuie sur ce qui est fort !

IX.

M. de Nossac, au mol abandon avec lequel la créole s'appuya sur lui, comprit qu'il avait un commencement de victoire, et il continua :

— Au reste, mon jeune ami, je vous

ferai donner des pistolets pour votre sûreté personnelle.

Hector allait refuser sans doute.

— Et, continua soudain le baron, un cheval qui n'ait point la bouche trop sensible.

Hector fit un mouvement d'impatience et fronça le sourcil.

— Parce que, en écuyer novice quoique hardi, vous sciez la bouche de votre cheval.

Cette fois le rouge monta au front d'Hector, mais il se tut, se contentant de jeter à la dérobée un rapide coup d'œil sur la créole, sans doute pour y chercher un encouragement. Mais la créole cheminait les yeux baissés, et le baron poursuivit :

— Ce sera une garantie, d'ailleurs, pour

la tendresse presque maternelle de madame, qui, tantôt, s'effrayait de vous voir monter un cheval ardent.

Le coup était direct et décisif; la créole se mordit les lèvres et répondit sèchement :

— D'après ce que vous avez bien voulu me dire tout-à-l'heure, monsieur le baron, je vois que mon jeune cousin est un cavalier hardi, s'il n'est savant, et comme *audace vaut sagesse* en certains cas, ce serait vraiment puéril et ridicule d'entraver ses plaisirs, comme un tuteur morose.

Hector comprit sans doute tout l'avantage que ces quelques mots débités du bout des lèvres et d'un ton protecteur donnaient à M. de Nossac, et soit calcul, soit dépit, il demeura en arrière pour rattacher un nœud de son juste-au-corps, préférant abandonner un moment la partie plutôt que la perdre sans retour.

M. de Nossac et la créole cheminèrent jusqu'au château presque sans rien dire; — mais le baron sentait toujours la moite pression de son bras sur le sien, et marchait lentement pour prolonger cette sensation.

Ils arrivèrent ainsi à la salle à manger, où les attendait le marquis :

— Dis donc, Nossac, fit celui-ci, les voyant entrer; il paraît que la meute est en désarroi.

— Bah !

— Et que tu as au plus douze chiens valides.

— Je le sais.

— Voilà qui nous permet à peine de courir un marcassin.

— Tu crois?

— J'en suis sûr.

— Eh bien ! moi, je vais acculer une laie nourrice et la prendre dans son fort à coups de couteau.

— Fou ! dit le marquis.

— Monsieur, hasarda la créole, c'est bien imprudent !

— Vous trouvez?

— C'est bien dangereux !...

— Non, lui dit-il tout bas, si vous me suivez, et si je sens votre regard sur moi au moment décisif.

La créole baissa les yeux et rougit.

— Bon ! pensa Nossac, elle m'aime déjà.

En ce moment Hector entra.

— Monsieur le baron, dit-il résolument, tout bien réfléchi je ne veux pas de pistolets.

— Et pourquoi ?

— Parce que vous n'en porterez pas.

— Voilà tout ?

— Mais, sans doute.

— Et comme moi... vous voulez...

— Tuer le sanglier à coups de couteau, fit-il résolument.

La créole dressa la tête, et le regarda avec une satisfaction et un imperceptible rayonnement de joie qui n'échappèrent point à M. de Nossac.

Hector reprenait du terrain.

— Mon cher, dit froidement M. de Nossac, c'est mal ce que vous voulez faire là.

— Pourquoi, mal ?

— Parce que vous mettez ma vie grandement en péril.

— Comment cela?

— Mais d'une façon toute simple; si vous essayez de tuer le sanglier avec un couteau, ainsi que je le voulais faire d'abord, vous me forcerez à jeter le couteau et à l'étouffer dans mes bras, ni plus ni moins qu'un chevreuil.

Cette fois, la victoire était certaine.

Si hardi qu'il fût, Hector frissonna involontairement et n'osa répondre :

— Je veux faire comme vous.

Il baissa la tête, rougit et se tut.

La créole éprouva un violent dépit, sans doute, de cette reculade, car elle dit avec un ton moitié indulgent, moitié railleur :

— Ce n'est point généreux à vous, monsieur le baron, de conduire mon jeune cousin sur un terrain pareil.. il est trop frêle, trop délicat...

Hector ouvrit la bouche sans doute pour répondre une impertinence qui le pût venger de la supériorité du baron, mais un regard furtif de la créole la lui ferma.

M. de Nossac triomphait.

Il fut généreux, amena la conversation sur un terrain neutre, et l'y maintint pendant tout le déjeuner.

X.

A onze heures précises, les veneurs montaient à cheval.

On amena à la créole un superbe étalon blanc avec une étoile de feu au front; — un étalon vigoureux, hardi, à l'ongle de fer et aux muscles d'acier, que n'arrêteraient ni haie vive, ni murs croulants, ni fossés bourbeux.

— Madame, lui dit le baron, si je n'avais pas surpris un éclair dans votre œil, je n'aurais point osé peut-être vous offrir pareille monture; mais vous avez à la fois la hardiesse qui brave et la volonté qui domine. Vous pouvez vous mettre en selle.

Et, comme les preux du moyen-âge, le baron offrit la main gauche à la dame et plaça son genou droit sous son pied en guise d'étrier.

La créole appuya à peine l'extrémité de ce petit pied sur la culotte de daim du baron, et sauta lestement en selle, avec la grâce et le sang-froid d'un écuyer consommé.

Le baron s'inclina et alla vers Hector, qui, le sourcil froncé, le front nuageux, tortillait par désœuvrement le manche de sa cravache et admirait, malgré lui, le groupe élégant formé par trois chevaux tout harnachés, tenus en main et piaffant avec une généreuse impatience. Ils étaient tous trois de même taille, mais de robes différentes ; — l'un était blanc, l'autre bois d'ébène, le troisième alezan brûlé.

Mais ils étaient si beaux de formes, ils secouaient si orgueilleusement la tête, ils bavaient si noblement sur leur frein, qu'on ne savait vraiment auquel accorder la préférence.

— Mon jeune ami, dit le baron, voici trois chevaux, tous trois de même âge, de même race et de même sang. Choisissez celui qui vous plaira.

Hector fier, à la fois humilié et joyeux, en ce que le baron revenait sur sa décision première en lui donnant un cheval de son choix et non un cheval éreinté, humilié en ce que cette décision nouvelle ressemblait à un pardon.

Il regarda tour à tour chacun des chevaux, les examina attentivement, hésita quelques minutes, puis se décida pour l'alezan brûlé dont les jambes lui parurent plus grêles et plus nerveuses, le garrot plus osseux et plus fin.

—Mon cher ami, dit flegmatiquement le baron quand Hector eut fait son choix, vous venez de prendre mon cheval le plus fougueux, mais le plus vicieux en même temps. Le hasard vous sert à souhait. Seulement prenez garde à une chose...

—Laquelle? demanda fièrement Hector.

—Ne faites pas votre première chute en un lieu trop escarpé, vous nous mettriez dans l'impossibilité de vous retrouver et de vous donner les soins nécessaires.

— Je ne ferai pas de chute.

— En êtes-vous bien sûr?

—Oh! fit Hector, en s'élançant à cheval et étreignant fièrement deses genoux les flancs de sa monture, vous verrez!

Et il mania son cheval assez savamment pour rassurer les plus effrayés.

—Madame et messieurs, en route! dit le marquis.

On a fait le bois à la hâte, et, pendant que nous déjeunions, on nous a détourné une laie magnifique, haute, maigre, nourrice, et qui nous mettra nos chiens sur les dents avant peu.

—Si je ne l'étouffe auparavant, dit le baron.

On partit.

M. de Simiane, qui, seul, connaissait parfaitement le pays, prit la tête de la cavalcade, et les quatre veneurs gagnèrent au trop et par une lande à hauteur d'homme le rendez-vous de chasse qui était fixé à une lieue de là, dans une clairière, au fond d'une vallée, et au milieu de forêts gigantesques coupées çà et là par un pâturage, un ruisseau et un étang.

Le piqueur du baron était au rendez-vous avec les valets de chiens et la meute.

La bête de chasse était acculée dans son fort à un quart de lieue de là, et, vérification faite des brisées, elle devait suivre le bord d'un torrent, s'engouffrer dans une vallée profonde et s'aller noyer vers le soir, si on ne la tuait avant, dans un étang qui se trouvait à six ou huit lieues de distance, dans la direction des plaines du Morbihan.

— Découplez, dit le baron, — et en chasse !

L'hallali fut sonné, les chiens s'élancèrent et disparurent dans les taillis; les chevaux électrisés, bondirent derrière eux, et Hector de Kerdrel, qui avait une réputation à se faire et une opinion désavantageuse à redresser, s'élança le premier sur le derrière de la meute.

Bientôt retentit sous le couvert une magnifique sonnerie exécutée par douze voix de basse taille qu'avait peine à dominer la trompe de chasseurs, et le baron oubliant quelques secondes le but premier du laisser courre et dominé par cet impérieux enthousiasme du veneur qui naît au bruit du cor et fait battre la poitrine de tout homme qui a dans les veines une parcelle du feu sacré dont parle le grand maître messire Jacques du Fouilloux; — le baron, disons-nous, se souvint de cette terrible fanfare, exécutée dans les bois de Holdengrasburg, par le veneur noir.

Il l'entonna de toute la puissance de ses poumons et avec une vigueur telle qu'on eût dit un lointain écho de l'infernale voix qui, au début de cette histoire, avait si fort impressionné le pauvre znapan.

La créole, elle-même, cette nonchalante enfant des contrées tropicales, qui voyageait en palanquin et se faisait éventer durant les journées brûlantes par des nègres obéissants, — la créole fut électrisée, fascinée par cet air puissant ; elle lacéra la croupe de son généreux animal d'un coup de cravache ; — avec des hennissements de douleur, les naseaux dilatés, l'œil en feu, — l'étalon blanc se précipita à la suite du cheval d'Hector qui volait après la meute, arrachant des gerbes d'étincelles aux cailloux, et broyant les branches tombées et les feuilles mortes sous ses ongles d'airain.

Quant à M. de Nossac, il ne stimula sa monture ni de la cravache ni de l'éperon, mais il continua sa fanfare avec une sauvage énergie et ne perdit pas un pouce de terrain sur la créole, galopant côte à côte avec elle.

La chasse, ainsi que l'avait prévu le rapport des piqueurs, s'était engouffrée dans une vallée profonde, tourmentée, hérisée de rocs bizarres et conduisant un torrent qui roulait sur un lit de cailloux et de troncs d'arbres déracinés avec un fracas inouï.

La vallée avait de puissants et sonores échos qui se mirent à répercuter les notes stridentes de la fanfare, les cris des piqueurs, les voix des chiens qui donnaient avec un merveilleux ensemble, les sanglots furieux du torrent, et tout ce vacarme terriblement harmonieux.

Une teinte écarlate était montée aux joues de la créole, qui, dominée, enthousiasmée, regardait le baron la suivant côte à côte, vissé sur sa selle comme un cavalier de bronze, le poing sur la hanche, la trompe aux lèvres, — et beau, en cet instant, d'une beauté énergique et mâle, qui laissait bien loin derrière elle les grâces féminines d'Hector et son impétuosité d'enfant étourdi.

Tout-à-coup la sombre voûte de feuillage sous laquelle ils couraient s'élargit brusquement; à la forêt encaissée par le val succéda une plaine accidentée, verte, ayant un manteau de hauts pâturages, au milieu desquels la bête et la meute apparurent pour la première fois aux yeux des veneurs.

La bête était une laie haute de trois pieds, zébrée de bandes grises et de bandes fauves, la hure allongée, les jambes nerveuses et grêles, le poil hérissé, une écume sanglante aux mâchoires. La meute la serrait ardente, unie, pelotonnée en un monceau et tellement pressée, qu'un manteau de cavalier l'eût couverte tout entière.

Les premières gueules des chiens effleuraient l'arrière-train de la bête à chaque instant : elles la *buraient,* comme on dit en vénerie.

Hector avait une avance de cent cinquante pas sur la créole et le baron.

Il volait au travers des hautes herbes, oppressé, hors d'haleine, se cramponnant parfois à la crinière de son cheval pour tourner la tête et jeter un regard de triomphe à ceux qui le suivaient. Mais, soudain, il sentit son cheval fléchir et s'enfoncer sous lui, les herbes monter à la hauteur de sa tête, puis monter plus haut encore à mesure qu'il descendait, puis une eau bourbeuse le couvrir comme elle couvrait déjà l'animal.

Et il poussa un cri de détresse.

Mais le cheval donna un vigoureux

coup de reins et de jarret, et deux secondes après reparut aux yeux effrayés des veneurs qui l'avaient vu s'enfoncer sans pouvoir lui porter secours, bourbeux, crotté, couvert d'une croûte jaunâtre, ainsi que son malheureux cavalier, dont les vêtements, les mains, le visage avaient disparu sous la même enveloppe et qui ressemblait ainsi à cet homme pétri de limon que Prométhée essaya de créer.

Hector avait rencontré une de ces mares qu'on appelle *morte*.

A l'effroi qui d'abord avait dominé le baron et la créole, succéda un fou-rire plein de raillerie.

— Mon ami, dit monsieur de Nossac, la chasse est finie pour vous, retournez au château, et faites-vous donner du linge et des habits.

Hector était pétrifié, et rougissait de honte et de colère sous son masque de limon.

— D'autant, continua l'implacable baron, que vous êtes laid à faire peur dans cet étrange costume.

— Allez, fit dédaigneusement la créole à son tour, vous êtes affreux...

Et comme la meute continuait de gronder, comme la bête atteignait l'extrémité de la plaine et *s'embûchait* dans un nouveau taillis, la créole fouetta son cheval et repartit comme l'éclair.

Le baron la suivit.

Quant au marquis, il avait pris une autre route pour couper la meute en tête et gagner du terrain.

La marquise de Bidan et M. de Nossac continuèrent donc à galoper, après avoir laissé la *morte* à gauche, et ils gagnèrent la lisière de la forêt.

Alors le baron reprit sa trompe et sonna le troisième couplet de la légende du veneur noir, — lequel couplet correspondait à la fanfare française qu'on nomme le *Changement de forêt.*

Mais cette fanfare finie et la lisière de la forêt franchie, le baron et la créole n'entendirent plus retentir sous les futaies la sonnerie de la meute et la trompe des piqueurs.

Vainement ils prêtèrent l'oreille, le vent ne leur apporta ni fanfares ni aboiements, ils avaient perdu la chasse, ou, ce qui était plus probable encore, il y avait eu un défaut qu'on essayait de relever.

Les deux veneurs piquèrent au hasard vers le sud et continuèrent à galoper, espérant à chaque instant entendre un cri, un son, un jappement qui leur permit de rallier la chasse.

Ni son, ni cri, ni jappement ne se firent entendre, et les chevaux poursuivirent leur course.

Vers une clairière, le baron arrêta court le sien et sauta à terre aussitôt. Sur la terre humide et crayeuse, il avait remarqué des traces récentes.

C'était le pied d'un sanglier qui se dirigeait vers le sud-ouest, et, selon toute probabilité, gagnait un étang.

Tout portait à croire que c'était la bête courue, sauf une seule chose : l'absence complète de chiens.

Le baron ne s'y trompa point.

— Il y a un défaut, dit-il, la bête est passée là, il faut la chercher. Et, remontant à cheval, il repartit avec la créole.

Ils coururent ainsi plus d'une heure, tantôt retrouvant sur le sable ou la terre humide les brisées de la bête, tantôt la perdant sur les cailloux et les rochers, puis la trouvant encore. Et ils gagnèrent une nouvelle plaine, puis une vallée en forme d'entonnoir, à l'entrée de laquelle ils aperçurent de nouveau la brisée.

Les chevaux étaient hors d'haleine, mais l'éperon du baron et la cravache de la créole jouèrent, et la douleur doubla leurs forces épuisées.

La vallée nouvelle dans laquelle ils venaient de s'aventurer était plus sauvage encore, plus déserte, plus splendide d'horreur que la première.

Tout-à-coup M. de Nossac s'arrêta de nouveau, étendit sa cravache et désigna un rocher blanc, sur lequel se mouvait une masse noirâtre.

— Tenez, dit-il à la belle chasseresse, voilà notre bête.

La créole tressaillit, suivit la direction du fouet et aperçut la laie qui, acculée, hors d'haleine, les mâchoires sanglantes, s'était assise sur son train de derrière et semblait attendre de pied ferme la meute qu'elle avait dépistée.

— Madame, dit alors le baron, je vous avais promis de tuer un sanglier à coups de couteau; mais votre cousin Hector a eu l'audace de vouloir m'imiter, et alors je me suis engagé à l'étouffer dans mes bras.

La créole poussa un cri de frayeur :

— Vous êtes fou, dit-elle, je ne veux pas !

— Je fais toujours ce que j'ai dit.

— Tuez-la à coups de couteau.

— Non pas, Hector s'est vanté d'en faire autant.

— Il ne le ferait pas.

— Je n'en sais rien. Mais il l'a dit, et cela me suffit.

— Mon Dieu! fit la créole en pâlissant, vous tenez donc bien à le surpasser en courage?

— Oui, car vous l'aimez!

La créole fit un mouvement.

— Qui vous l'a dit? demanda-t-elle.

— Je l'ai vu, je l'ai deviné... je l'ai compris...

— Quelle folie!

— Et, dit froidement le baron, je veux que vous m'aimiez.... moi!

Il mit froidement pied à terre, jeta son

couteau de chasse et s'avança vers l'animal d'un pas lent et mesuré, la tête en arrière, la démarche hautaine, comme un homme qui va à un triomphe et non à une mort assurée.

— Monsieur, monsieur, par grâce ! arrêtez ! lui cria la créole éperdue.

Il se tourna vers elle et lui dit :

— Dieu me pardonne ! je crois que vous m'aimez déjà.

Et il continua sa marche vers le sanglier qui se dressa à son tour, poussa un sourd grognement et fit un pas à sa rencontre.

XI.

M. de Nossac était beau en ce moment suprême, — beau comme ce chevalier romain qui se précipita tout armé et à cheval dans un gouffre pour apaiser les dieux et sauver la patrie. Il marchait avec une lenteur terrible, une froide assurance vers le monstre qui l'attendait de pied ferme, après avoir fait un pas unique vers lui. Et il eût été difficile de dire lequel avait une plus menaçante attitude de cet horrible animal, qui attendait son ennemi le poil hérissé, la gueule sanglante, l'œil terne et féroce, ou de cet homme qui allait à lui la tête nue, sans armes, avec l'intention de l'étouffer dans ses mains blanches et souples comme des mains de femme.

La créole était demeurée à cheval, pétrifiée, fascinée, étourdie par une pareille audace; — elle suivait le baron d'un regard stupéfait et plein de terreur, croyant rêver sans doute, tant le spectacle auquel elle allait assister était inouï.

Enfin deux pas à peine séparèrent le monstre de l'homme.

L'homme avait fait tout le chemin.

Il se retourna alors et regarda la créole :
— la créole semblait mouler la statue de la Terreur.

Vainement elle voulait crier ; vainement encore essayait-elle de descendre de cheval et de courir à l'aide du baron : sa gorge était crispée, sa selle paraissait être un crampon de fer qui la vissait à cheval et la retenait immobile et paralysée.

L'œil du baron s'attacha sur elle un moment, et il put, par ce rapide regard, s'assurer de l'effet tout puissant que le courage sans bornes produit sur les femmes. Puis il reporta son œil plein d'éclairs sur le monstre, et fit un pas encore.

Alors il croisa froidement les bras sur sa poitrine et attendit, semblant lui dire :

— Ferai-je donc tout le chemin ?

Mais le monstre ne bougea pas, le monstre n'osa avancer.

Il recula, au contraire, et sembla vouloir s'acculer au roc qu'il avait quitté et s'en servir comme d'un dernier rempart.

Ce que voyant, l'homme fit un pas de plus et se trouva sur lui.

Leurs haleines, l'haleine froide et cadencée de l'homme, et la respiration haletante et saccadée de l'animal se croisèrent ; l'œil calme et terrible du premier heurta le regard féroce du second.

Puis, ainsi que deux athlètes se mesurent une seconde avant la lutte, ils se contemplèrent et s'étreignirent du regard, un dernier moment avant que les bras de l'un se décroisassent et que la mâchoire de l'autre s'ouvrît.

Et comme le monstre hésitait encore, comme il râclait le roc de son poil hérissé, essayant de reculer encore d'un pas et ne le pouvant plus, l'homme étendit les bras, et, plus rapide que la pensée, saisit de ses mains effilées et aristocratiques, dont le tissu de satin recouvrait des muscles d'acier, la gueule béante de la laie au travers de laquelle passaient les terribles boutoirs, — et il serra si fort cette gueule qu'il la ferma violemment, étouffant dans la gorge du monstre un grognement de douleur.

La laie se cabra, son cou musculeux se raidit; puis, par une brusque secousse, elle essaya de dégager son groin.

Si elle y fût parvenue, le baron était un homme perdu; ses redoutables boutoirs l'éventraient. Mais ses mains ne lâchèrent pas prise, elles étreignirent plus fort encore la gueule écumante, écrasant, pour ainsi dire, les fosses nasales, et interrompant toute respiration.

Le roc contre lequel le monstre s'était appuyé lui devenait fatal, en lui rendant toute retraite impossible ; et, quand il se fut dressé sur ses pattes de derrière et adossé à ce mur inébranlable, tout mouvement de ce genre fut paralysé.

Alors comme les mains du baron paraissaient être converties en un étau, et que l'étouffement affaiblissait son adversaire, il pensa qu'une seule main suffirait, et il porta l'autre à la gorge de l'animal.

Ce fut une terrible lutte entre cet homme implacable et calme, rivant son œil de feu à l'œil épouvanté du monstre, et ce monstre qui se débattait convulsivement, essayant vainement de s'arracher à cette pression gigantesque, d'échapper à cette agonie de la strangulation qui arrivait lente, inexorable, barbouillant ses yeux d'un nuage de sang. Combien dura cette lutte? cinq minutes peut-être, en réalité, une heure pour l'homme, un siècle pour l'animal, une éternité pour la créole, dont le cheval, intelligent spectateur de ce combat sans précédent, pointait les oreilles et frissonnait sous elle.

Enfin un dernier râle, un dernier grognement étouffé, jaillit, au travers des doigts de fer du baron, de la gorge étranglée, de la hure écrasée du monstre...

Et le monstre s'affaissa peu à peu, et, toujours accompagné par la redoutable étreinte, se coucha à demi sur le sol.

Le baron serra une minute encore ; une minute encore, il sembla vouloir incruster l'ivoire de ses mains dans les chairs pantelantes de son adversaire...

Puis, enfin, l'une de ses mains abandonna la gorge pour saisir une des jambes de derrière de la laie, et, la tenant ainsi, il la souleva, la balança au-dessus de la vallée dont le dernier plan se trouvait à sept ou huit pieds plus bas que le roc, théâtre de son tragique duel ; et il la jeta convulsive encore, mais désormais sans force, sur un monceau de cailloux, où elle tomba inerte et rendit le dernier soupir.

Alors le charme plein d'horreur qui fascinait la créole se rompit, et exhalant un cri que nulle plume ne rendra, que nulle voix humaine ne pourrait reproduire peut-être, elle poussa son cheval vers le baron, qui avait recroisé ses bras sur sa poitrine, et, un sourire de triomphe aux lèvres, aussi calme qu'avant la lutte, mais pâli par l'effort suprême qu'il venait de faire, l'attendait immobile et debout sur ce roc qu'il avait immortalisé !

A dix pas de M. de Nossac, la créole se précipita à bas de sa monture et courut à lui pâle, haletante, presque aussi brisée que lui par l'effort moral dont elle avait accompagné son effort réel :

— Mon Dieu ! murmura-t-elle d'une voix éteinte, n'êtes-vous pas blessé ?

Il sourit, voulut parler et ne le put.

— Oh ! vous l'êtes, continua-t-elle éperdue.

Elle venait d'apercevoir l'écume sanglante que le monstre avait bavée sur les mains blanches du baron.

— Non, fit-il d'un signe, en montrant l'animal.

Puis la voix lui revenant :

— C'est le sien, dit-il.

Alors cet homme si fort jusque-là, cet homme qui n'avait ni pâli ni tremblé en face d'un péril mortel, se sentit saisi d'une faiblesse étrange, d'une émotion extraordinaire en face de cette femme qui attachait sur lui un ardent regard, et il chancela.

Elle le retint dans ses bras.

— Pardon, murmura-t-il, mais j'ai serré si fort, si fort...

Et il s'évanouit et s'affaissa sur lui-même.

La créole ne fit qu'un bond vers le filet

d'eau qui courait au fond de la vallée, et, prenant son chapeau d'amazone dont la plume s'était brisée au travers des taillis, elle le convertit en vase et l'emplit.

Puis elle revint au baron et lui en jeta le contenu au visage.

Et, comme l'eau était impuissante à le ranimer, elle s'assit près de lui, prit sa tête pâle dans ses mains, l'appuya sur ses genoux et imprima ses lèvres ardentes sur son front qui ruisselait d'une sueur glacée.

Le contact de cette bouche fit instantanément ouvrir les yeux au baron, qui poussa un cri de joie en voyant penché sur lui le visage ému et frémissant de cette femme, pour laquelle il venait de braver la mort.

Alors la créole se prit à rougir; et, l'aidant à se mettre sur son séant, elle se leva avec dignité et se retira à distance.

— Il n'est plus temps, madame, murmura M. de Nossac.

— Que voulez-vous dire ? fit-elle toute troublée.

— Je vous ai devinée, en vain essaieriez-vous de me cacher...

— Mais quoi donc ? murmura-t-elle de plus en plus émue.

— Vous m'aimez ! fit le baron triomphant.

M. de Nossac s'attendait à un de ces mots, de ces élans qui jaillissent du cœur aux heures passionnées, et que rien ne semble pouvoir arrêter.

Il n'en fut point ainsi cependant : — par une de ces réactions subites dont certaines femmes seules possèdent le secret et qui sont chez elles comme une preuve irrécusable de la domination despotique de la raison et du sang-froid sur le cœur, — la créole regarda tranquillement le baron et lui dit :

— Vous vous trompez, monsieur.

Le baron recula stupéfait.

— Monsieur, continua-t-elle, le danger que vous venez de courir m'a vivement impressionnée, j'ai souffert pour vous, je vous ai porté secours parce que c'était mon devoir... J'ai frissonné, parce que vous accomplissiez pareille folie pour me plaire... Est-ce à dire, par hasard, que cet effroi, ces soins, cette sollicitude soient de l'amour ?

La créole tremblait légèrement en prononçant ces dernières paroles.

— Oh ! fit le baron qui l'examinait attentivement, ne niez pas, madame, ne niez pas.

Elle haussa les épaules.

— Fat! dit-elle.

Et, comme cette épithète lui faisait froncer le sourcil, elle continua :

— Est-ce que vous tiendriez à être aimé de moi ?

— Oui, car je vous aime, moi, de toute la puissance de la passion.

La créole éclata de rire.

— Est-ce parce que je ressemble à Gretchen?

M. de Nossac recula et pâlit.

— Non, dit-il résolument; je vous aime, parce que je vous aime.

— Et... fit la jeune femme raillant toujours, m'aimez-vous beaucoup?

— Comme je n'ai jamais aimé aucune femme.

Un rire ironique crispa les lèvres de la jeune créole.

— Monsieur le baron, dit-elle, hier soir, après le souper que vous nous avez offert, et, tandis qu'alourdi par les fumées du vin, vous vous retiriez chez vous, votre amis le marquis de Simiane nous a raconté une partie de votre mariage et le méchant tour que la duchesse fit à votre femme; ensuite vos aventures invraisemblables d'Allemagne, et votre double amour pour Gretchen et Roschen.

M. de Nossac tressaillit.

— Je les aimais moins que vous, dit-il.

— Qui me le prouve?

— Mais, balbutia-t-il, ce que je viens de faire...

— Bagatelle ! vous avez risqué bien autre chose pour cette Gretchen dont je suis jalouse...

— Je l'aimais moins que vous... Maintenant, elle me fait horreur !

Un éclair jaillit des yeux de la créole; — mais le baron n'y prit garde.

Il était tout entier à l'entraînement de la passion et couvrait de baisers brûlants les mains blanches de la jeune femme.

— Monsieur le baron, reprit-elle, je ne suis malheureusement ni votre femme, ni Gretchen, malgré cette ressemblance que vous voulez bien me prêter ; — par conséquent, ayez au moins la courtoisie de ne pas me parler d'un amour qui n'est, à vos propres yeux, qu'un amour par procuration.

— Je vous aime pour vous...

— Toujours à cause de ma ressemblance avec Gretchen.

— Mon Dieu ! s'écria M. de Nossac avec une impatience mal contenue, j'ai déjà oublié Gretchen; pourquoi n'en reparler?

— Vous avez oublié Gretchen?

— Oui, madame.

— Monsieur, permettez-moi de me ranger à l'opinion de votre ami M. de Simiane.

— Hein? fit le baron.

— Vous êtes fou !

M. de Nossac se mit à genoux et lui prit les mains :

— Madame, dit-il d'une voix émue, croyez-moi, je vous aime...

— Comment le croire?

— Ne vous l'ai-je donc point prouvé?

— Vous m'avez prouvé que vous aimiez Gretchen.

Le baron frappa la terre du pied.

— Tenez, dit-il en courant à son cheval et prenant un pistolet dans ses fontes, si vous me dites encore que c'est Gretchen et non vous que j'aime, je me casse la tête.

Et comme il y avait une froide et désespérée résolution dans son accent, et qu'il l'eût fait comme il le disait, la créole courut à lui, mit sa belle main sur son bras, abaissa le pistolet et lui dit :

— Je vous crois.

Le baron poussa un cri de joie :

— Et... dit-il en tremblant, vous m'aimez...

Le danger était passé, car le pistolet

était rentré dans les fontes. La créole éclata d'un petit rire railleur et spirituel :

— Je ne vous ai pas dit cela, fit-elle.
— Mais... je vous aime, moi...
— Je le crois...
— Vous êtes donc de marbre?

La créole regarda à demi ses épaules que son juste-au-corps de chasse décolleté laissait entrevoir, puis ses mains pures de forme et d'une blancheur irréprochable de statue, et répondit au baron un mot sublime :

— Flatteur ! lui dit-elle.

M. de Nossac avait cru l'accabler de cette injure par excellence des amants rebutés, et elle accueillait cette injure et s'en drapait comme d'un compliment.

Cette réponse déconcerta le baron une seconde.

— Tenez, reprit-elle, étendant la main vers le sud-ouest, ne voyez-vous pas comme le ciel s'assombrit?

— Eh que m'importe!

— Nous allons avoir un orage terrible.

— Tant mieux!

— Tant pis, car je ne vois aucune maison, aucune chaumière alentour qui nous puisse abriter.

— Nous trouverons bien une grotte, une caverne...

— Mais je préfère une chaumière. Allons, mon beau chevalier, en selle, et partons!

— Déjà! fit le baron en jetant un regard de regret à ce site sauvage où il avait bravé la mort pour cette femme, et au milieu duquel elle avait le courage de le railler; car il sentait bien que, loin du cadavre de sa victime et rendus tous deux à la vie prosaïque et réelle de la société, le prestige si faible qu'il fût, dont il pouvait être environné encore, s'évanouirait.

— Il le faut, dit-elle, j'ai peur de la foudre.

Mais, comme si la foudre eût relevé cette sorte de défi, le ciel, qui était entièrement noir, s'entr'ouvrit, un éclair immense en jaillit et passa si près des deux chasseurs qu'ils en furent éblouis.

La créole se jeta frémissante sur le sein du baron :

— Oh ! dit-elle, j'ai peur... sauvez-moi... protégez-moi...

— Vous voyez bien que vous m'aimez ! fit-il triomphant, car vous vous appuyez sur moi comme un lierre sur un arbre fort !...

M. de Nossac tourna son regard dans tous les sens, cherchant un abri au milieu de cette nature sauvage et bouleversée.

La vallée était déserte, sans aucune habitation, sans la moindre hutte de bûcheron ou de berger.

Cependant un second éclair déchira la nue, un nouveau coup de tonnerre retentit, la créole poussa encore un cri d'angoisse et lui dit :

— Mon Dieu! fuyons!... cachez-moi!... j'ai peur!...

Et elle se pressait contre lui.

M. de Nossac n'hésita plus. Il prit la jeune femme dans ses bras, la mit sur sa selle et sauta derrière elle, feignant de ne plus se souvenir qu'il avait lui-même un cheval. La créole n'y songea pas davantage.

Un troisième éclair lui ferma les yeux, et alors elle s'abandonna, éperdue et folle, à son cavalier qui, sous le prétexte de la maintenir solidement devant lui, la pressa sur sa poitrine assez fort pour qu'elle sentît les battements précipités de son cœur, et qu'il entendît lui-même les siens. Car le cœur lui battait; elle frissonnait, et elle étreignait les mains du baron avec une force telle qu'il craignait à chaque seconde qu'elle eût une crise nerveuse.

Était-ce la frayeur seulement qui l'agitait ainsi? Ou bien le baron avait-il touché juste en lui disant naguère : — Vous voyez bien que vous m'aimez déjà! — et n'était-ce pas le dépit, l'humiliation secrète d'avouer sa défaite qui la jetait dans une pareille agitation?

M. de Nossac, oubliant toujours sans

doute son cheval à lui, lança celui qu'il montait au grand galop, revenant sur ses pas et reprenant la route qu'ils avaient suivie une heure auparavant.

De larges gouttes de pluie commençaient à jasper les pierres blanchâtres de la vallée et tombaient avec un bruit sec et presque métallique sur les dômes verts des arbres qui entrelaçaient çà et là leurs branches au-dessus du sentier de la vallée.

Puis, ces gouttes se précipitèrent, se condensèrent, tombèrent bientôt en avalanche ; comme la foudre retentissait toujours, comme il était dangereux de galoper encore et d'ouvrir ainsi un courant d'électricité, — les yeux de M. de Nossac se reportèrent de nouveau à droite et à gauche, cherchant toujours un abri.

Cet abri, il l'aperçut enfin.

Un rocher creusé à demi avançait assez sur sa base par sa partie supérieure pour offrir une sorte de grotte et de toiture. Le baron poussa son cheval dans cette direction, sauta à terre, et porta la créole à moitié évanouie sur cet auvent naturel.

La créole se pelotonna de son mieux, se drapa le plus chaudement possible dans le manteau que le baron avait détaché de l'arçon de la selle pour la couvrir, et, les dents serrées par la terreur, les yeux attachés avec une fixité effrayante sur le ciel que déchirait la foudre, elle demeura immobile et froide auprès du baron qui la contemplait avec une respectueuse pitié.

— J'ai froid! dit-elle tout-à-coup;

Il la prit dans ses bras et la serra sur son cœur.

— Vous me faites mal !... murmura-t-elle.

Ses bras se détendirent et lui rendirent la liberté.

Mais, peu après, elle répéta :

— Dieu ! que j'ai froid !

Il la prit encore dans ses bras, et, cette fois, soit qu'elle eût froid en réalité, soit qu'elle n'eût plus conscience de sa situation, elle ne résista pas à cette pression et renversa à demi sa tête pâle et sa chevelure en désordre sur l'épaule de Nossac et ferma les yeux.

FIN DU DEUXIÈME VOLUME.

Coulommiers. — Imprimerie de A. Moussin.

A LA MÊME LIBRAIRIE, EN VENTE.

NOUVEAUTÉS DE 1850, 1851 ET 1852.

Le Vengeur du Mari, par Emmanuel Gonzalès........ 5 vol. in-8.
Les Amours de Bussy-Rabutin, par Madame Dash.. 4 vol. in-8.
Béatî le Lépreux, par Emmanuel Gonzalès............ 5 vol. in-8.
La Marquise sanglante, par Mme Dash .... 3 vol. in-8.
Taquinet le Bossu, par Paul de Kock .... 3 vol. in-8.
Les deux Favorites, par Emmanuel Gonzalès........ 3 vol. in-8.
La Tulipe noire, par Alexandre Dumas............. 3 vol. in-8.
Francine de Plainville, par Madame Bodin, roman
  de bonne compagnie entièrement inédit, complet, en.... 3 vol. in-8.
Jean et Jeannette, par Théophile Gautier............ 2 vol. in-8.
La Maison Dombey père et fils, par Charles Dickens,
  traduction de Benjamin Laroche...................... 2 vol. in-8.
Jeanne Michu, la bien-aimée du Sacré-Cœur... 4 vol. in-8.
Les Mystères de Rome, par Félix Derièje .... 7 vol. in-8.
Georges le Montagnard, par de Bazancourt........ 5 vol. in-8.
Clémence, par Mme la comtesse Dash.............. 5 vol. in-8.
Diane de Lys et Grangette, par Al. Dumas fils...... 3 vol. in-8.
Les Confidences d'une Jeune Fille, par Falaize.... 3 vol. in-8.
Salons et Souterrains de Paris, par Méry........ 5 vol. in-8.
André Chénier, par le même........................ 3 vol. in-8.
Mignonne, par Xavier de Montépin................. 3 vol. in-8.
Le vicomte Raphaël, par le même.................. 5 vol. in-8.
Les Chevaliers du Lansquenet, par le même...... 10 vol. in-8.
Geneviève Galliot, par le même.................... 2 vol. in-8.
Un Roi de la Mode, 1re partie des Viveurs, idem..... 5 vol. in-8.
Le Club des Hirondelles, 2e partie des Viveurs, idem. 4 vol. in-8.

Pour paraître prochainement :

LES VIVEURS DE PARIS,

3e Partie — LES FILS DE FAMILLE.

Les Coulisses du Monde, par le vicomte Ponson du Terrail.
La Baronne trépassée, roman fantastique, par le même.
Léon et Panthère, par le même.
Les Nuits du Quartier Bréda, par le même.
Les Cavaliers de la Nuit, par le même.
Le Vengeur du Mari, dernière partie, par Emmanuel Gonzalès.
L'Amour qui passe et l'Amour qui vient, par Paul de Kock,
  1 vol. in-18, format anglais............................ 2 fr. 50 c.
Héva et la Floride, par Méry, 1 vol. in-18, format anglais.. 5 fr.
La Guerre du Nizam, par Méry, 1 vol. in-18, format anglais. 5 fr.
L'Amant de la Lune, chef-d'œuvre de Paul de Kock, 1 vol. in-18. 10 fr.
Taquinet le Bossu, par le même, 1 vol. in-18.......... 2 fr. 50 c.

www.ingramcontent.com/pod-product-compliance
Lightning Source LLC
Chambersburg PA
CBHW071246160426
43196CB00009B/1178